그린워싱의 시대

THE ERA OF GREENWASHING

그린워싱의 시대

하나의 선택이 지구를 바꾼다

전홍민 지음

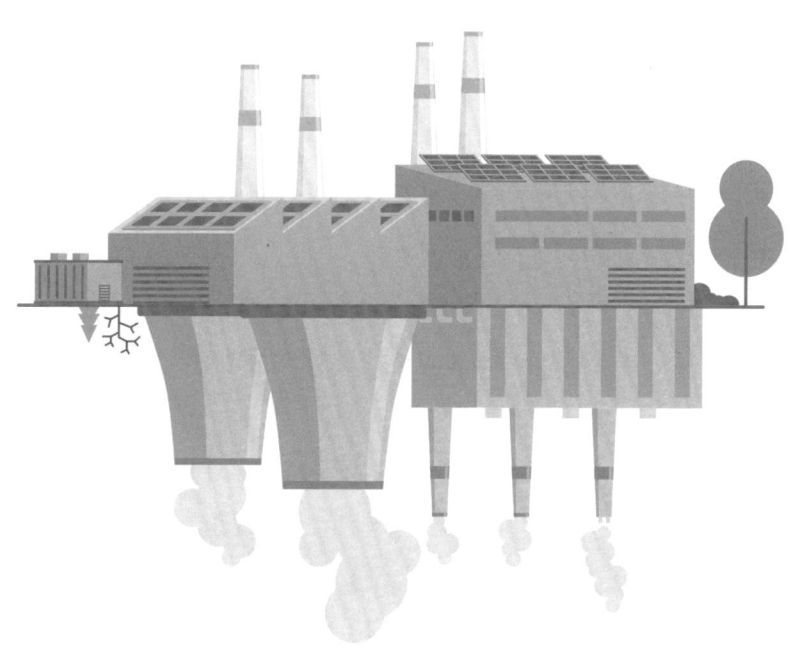

좋은땅

프롤로그
착한 줄 알았는데... 속았다고?

2025년 현재, 세계는 다시 한번 '관세전쟁'이라는 이름의 혼돈 속에 휘말려 있습니다. 글로벌 공급망이 재편되고, 자국 산업 보호를 내세운 보호무역주의가 다시금 고개를 들고 있는 상황입니다. 이러한 흐름은 단순한 무역 분쟁을 넘어, 각국의 정치·경제 전략과도 긴밀하게 연결되어 있으며, 특히 주요 선진국들 간의 관세 정책은 경제적 패권을 둘러싼 힘겨루기의 양상으로 발전하고 있습니다.

그중에서도 미국은 도널드 트럼프 전 대통령의 재집권 이후, 한층 더 강화된 '미국 우선주의(America First)' 기조를 관세 정책 전반에 반영하고 있습니다. 트럼프는 자국 산업 보호와 무역적자 해소를 명분으로, 철강·자동차·기술 제품 등 다양한 분야에서 고율 관세를 부과하고 있으며, 이는 글로벌 경제 질서에 심대한 파장을 일으키고 있습니다. 단순히 수입품 가격 상승에 그치지 않고, 동맹국과의 갈등, 글로벌 공급망의 단절, 신흥국 경제의 불안정성 등 다양한 부작용을 낳고 있는 것입니다.

이러한 경제정책은 단기적 효과보다는 중장기적 구조 변화에 초점을 맞추고 있으며, 국가 간 협력보다는 경쟁과 배제를 통해 자국의 이익을 극대화하려는 방향으로 전개되고 있습니다. 2025년의 세계는 더 이상 자유무역의 이상에만 기대지 않고, 현실적인 이해관계와 전략적 선택에 따라 경제정책을 설계해 나가는 시대가 되었습니다.

2023년 상반기 기준, 미국 내에서는 ESG(Environmental, Social, Governance) 요소를 고려한 금융 활동, 투자, 공공계약 등에 제약을 가하려는 **이른바 'Anti-ESG 법안'이 급증**하고 있습니다. 미국 50개 주 중 무려 **37개 주와 연방의회**가 이러한 법안을 발의했으며, 전체 발의 건수는 **총 156건**에 달합니다.

이들 법안은 ESG 기준을 적용한 투자 전략이나 금융기관의 ESG 관련 상품 운용 등을 **'정치적 편향' 또는 '경제적 자유 침해'로 간주**하며, 공공기금 운용에서 ESG 요소를 배제하거나, ESG 점수를 근거로 기업을 차별하지 못하도록 하는 조항을 포함하고 있습니다.

미국 ESG(Anti-ESG)법안 관련 주별 차이 정리

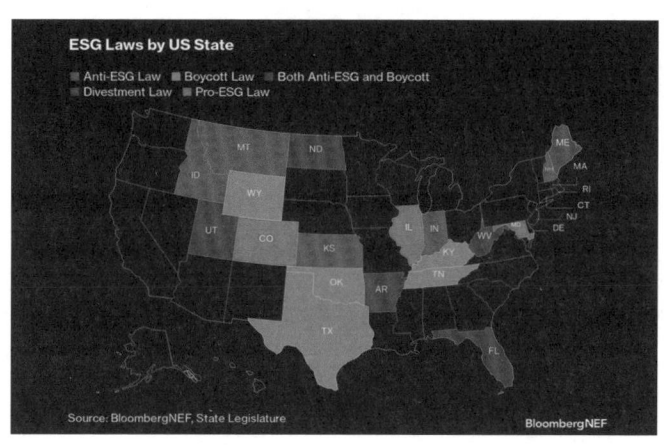

출처: Bloomberg NEF

이 중 **22건은** 이미 해당 주 의회를 통과하여 법률(Law)로 확정되었으며, 공공 연기금이나 주정부의 계약체결 시 ESG를 고려하는 행위를 제한하거나 금지하는 구체적 조항이 담겨 있습니다. 특히 텍사스, 플로리다, 웨스트버지니아, 유타 등 보수 성향이 강한 주에서는 ESG를 "좌파적 기업 통제 수단"으로 간주하며 강력한 대응에 나서고 있습니다.

미국의 사례를 참고해 보면 ESG라는 주제가 기업의 지속가능 전략을 넘어, **정치·이념적 쟁점**으로 비화되고 있음을 보여 줍니다. ESG가 글로벌 스탠더드로 자리 잡는 과정에서, 미국 내에서는 **연방정부와 주정부 간, 진보와 보수 진영 간의 입장 차이**가 첨예하게 대립하고 있는 상황입니다.

본 고는 이러한 불확실성과 경쟁이 격화된 국제경제 질서 속에서, 기업이 과연 어떻게 진정성 있는 ESG를 추구할 수 있을지를 모색하려는 시도입니다. 특히 그린워싱이 만연할수록, 역설적이게도 ESG에 대한 사회적 신뢰는 낮아지고, 이는 결과적으로 성실하게 ESG를 실천하려는 기업들의 유인과 동기를 약화시킬 수 있습니다. 2020년 코로나 이후, 출간된 대부분의 ESG 관련 서적들은 주로 ESG가 향후 가능할 것인지 혹은 ESG와 관련된 최근 논의를 위주로 회자되어 왔습니다(핸더슨: 자본주의 대전환 원제: *Reimagining Capitalism in a World on Fire*). 국가별 ESG는 아직 획기적인 진전이 되지 않고 있으며, 오히려 ESG의 실효성에 대한 의문만이 점점 더 커지고 있습니다. ESG라는 주제는 코로나19 이후 급격한 환경변화 및 기후변화에 대응해서 본격적인 논의가 있어 왔습니다. 특히 많은 국가들이 기후변화대응을 핵심 아젠다로 놓고 다양한 정책을 만들고 있습니다. 아래의 그림처럼 2010년 대비, 2020년대는 코로나19로 인한 다양한 기후변화문제가 인류의 문제로 있습니다.

출처: 송주형 등(2021)

판매하는 회사가 착한 줄 알았는데… 속았다고?

"우리는 환경을 생각합니다."

"당신의 소비가 지구를 바꿉니다."

"이 제품은 플라스틱을 줄이고, 친환경 소재로 만들었습니다."

익숙한 말들이죠? 우리가 매일같이 마주하는 광고, 매장 POP, 제품 포장지에는 빠짐없이 이런 메시지들이 붙어 있습니다. 많은 사람들이 이런 문구를 믿고, 조금 더 비싸더라도 '착한 소비'를 선택합니다. 나의 작은 선택이 지구를 지키는 데 도움이 된다고 믿기 때문입니다.

어느 날 문득, 그런 '착한 소비'가 실제로는 착하지 않았다는 사실을 알게 된다면 어떤 기분이 들까요?

예컨대, 스타벅스의 종이빨대. 환경을 위해 플라스틱 빨대를 안 쓰고 종이로 바꿨다고 홍보했지만, 실제로는 빨대 겉면이 코팅되어 있어 재활용이 되지 않고 일반 쓰레기로 버려져야 한다는 사실이 알려졌습니다. 한 유명 화장품 브랜드는 '자연 유래 성분 90%'라고 강조했지만, 나머지 10%가 환경에 유해한 화학물질이라는 지적을 받기도 했죠. 재활용 가능하다고 홍보된 생수병이 실은 분리수거 기준을 통과하지 못한다는 기사도 봤을 겁니다.

이런 식의 '착한 척 마케팅', 우리는 이제 이를 '그린워싱(Greenwashing)'이라고 부릅니다. '세탁(washing)'이라는 단어가 암시하듯, 실제로는 친환경적이지 않으면서 마치 그런 것처럼 소비자를 속이는 전략입니다. 말 그대로 '이미지 세탁'이죠.

이 용어는 1986년 미국의 환경운동가 제이 웨스터벨(Jay Westerveld)이 처음 사용한 것으로, 이후 수많은 기업들이 브랜드 이미지를 높이고 소비자의 신뢰를 얻기 위해 그린워싱을 적극적으로 활용해 왔습니다. ESG 경영이 화두가 되면서 이런 현상은 오히려 더 교묘해지고 있습니다. 소비자의 눈을 속이는 문구는 더 세련되어졌고, 때로는 실제 친환경보다 '보여지는 친환경'을 더 중요하게 여기기도 합니다.

그 결과, 우리는 두 가지 혼란을 겪게 됩니다.

하나는 '이제 뭐가 진짜 친환경인지 모르겠다.'는 회의감이고, 다른 하나는 '그래서 난 뭘 해야 하지?'라는 무력감입니다.

이 책은 바로 이 지점에서 출발합니다.

우리가 무심코 지나쳤던 마케팅 문구의 이면, 당연하게 여겼던 기업의 ESG 활동 속 허상을 하나씩 살펴보려 합니다. 또, '어떤 소비가 진짜 친환경인가?', '기업은 어떻게 책임 있게 행동해야 하는가?'에 대해 함께 고민하려 합니다.

이 책은 그런 그린워싱(Greenwashing), 그리고 이를 방치하거나 조장해 온 기후악동(Corporate Climate Villains)을 정면으로 마주합니다. 문제는 단지 몇몇 기업의 일탈이 아니라, 윤리보다 이미지를 우선시하는 시장 구조에 있습니다. 이 책은 모든 기업을 의심하자고 말하지 않습니다. 오히려 진짜로 노력하는 기업과 단지 이미지만 포장하는 기업을 구별할 수 있는 눈을 키우자는 데 초점이 있습니다. '누가 나쁜가?'보다 더 중요한 건, '우리는 어떻게 소비하고 선택할 것인가?'입니다.

착한 줄 알았는데… 알고 보니 속았던 이야기.

이제는 속지 않기 위한 첫걸음을 함께 시작해 보면 어떨까요?

이제는 속지 않기 위해, 그리고 바꾸기 위해 우리가 알아야 할 때입니다.

착한 척하는 세상을 넘어, 진짜 지속가능성을 찾아가는 여정이 지금부터 시작됩니다.

목차

프롤로그　　착한 줄 알았는데… 속았다고?　　　　　　　004

1장　　그린워싱, 우리 일상 속의 착각　　　　　　　013
2장　　왜 기업들은 '그린 척'을 할까?　　　　　　　035
3장　　그린워싱, 분야별 실전 사례 분석　　　　　　061
4장　　진짜 ESG는 다르다　　　　　　　　　　　　081
5장　　세계는 지금, 그린워싱과 전쟁 중　　　　　　099
6장　　'착한 기업'은 어떻게 만들어지나?
　　　　　- ESG 평가, 인증, 순위의 세계　　　　　　115
7장　　한국 기업의 그린워싱, 현실을 들여다보다　　127
8장　　나부터 바꾸는 ESG 실천법　　　　　　　　　145

에필로그　　기후악동을 진짜로 잡으려면　　　　　　　159
참고문헌　　　　　　　　　　　　　　　　　　　　162

1장
그린워싱, 우리 일상 속의 착각

그린워싱이란 무엇인가

'그린워싱(Greenwashing)'은 '그린(Green)'과 '화이트워싱(Whitewashing)'의 합성어로, 환경을 고려하지 않으면서도 마치 친환경적인 것처럼 꾸미는 기업의 마케팅 전략을 의미한다. 겉으로는 지속가능성과 친환경을 내세우지만, 실제로 그 내용을 들여다보면 실질적인 환경 보호와는 거

리가 먼 경우가 많다. 즉, 환경보호에 대한 소비자의 관심을 마케팅 수단으로 활용하는 것이다. ESG 시대를 맞이한 기업들은 환경과 사회적 책임을 강조하고 있지만, 그 과정에서 두 가지 상반된 문제도 함께 등장하고 있다. 하나는 그린워싱(Greenwashing)이고, 다른 하나는 그린허싱(Greenhushing)이다. 이 둘은 모두 ESG 커뮤니케이션의 문제를 나타내지만, 그 본질은 완전히 다르다.

그린워싱은 **실제로는 친환경적이지 않으면서도, 마치 그렇다고 믿게 만드는 과장된 홍보 행위**를 말한다. 예컨대, 실질적인 탄소 감축은 거의 없는데도 '탄소중립'을 내세우거나, 플라스틱이 섞인 종이컵에 '친환경'이라는 문구를 부착하는 것이 대표적인 사례다. 그린워싱의 문제는 소비자를 기만하고, 진정성 있게 ESG를 실천하는 기업들에게 상대적인 불이익을 준다는 데 있다. 말은 많지만 실천이 없는, '겉은 녹색이지만 속은 그렇지 않은' 경우다.

반면, 그린허싱은 **실제로 친환경 활동을 하고 있으면서도 외부에 이를 알리지 않거나 최소한으로만 공개하는 전략**이다. 이는 ESG 성과를 발표했을 때 오히려 "이 정도 가지고 친환경이라고 할 수 있냐?"는 비판이 따를 수 있다는 우려에서 비롯된다. 특히 SNS나 언론의 감시가 강화되면서 일부 기업들은 아예 조용히 실천하는 편을 택하게 된다. 그린허싱은 소비자에게 올바른 정보를 전달하지 못하고, ESG 우수 사례가 사회 전반에 확산되는 데도 장애가 된다. 이는 '진짜로 착한데, 말을 아끼는 경우'라고 표현할 수 있다.

즉, **그린워싱은 말은 많지만 실천이 부족하고, 그린허싱은 실천은 있지만 말이 부족한 상황**이다. 전자는 '거짓'의 문제이고, 후자는 '침묵'의 문제다. ESG가 건강하게 성장하려면, 실천은 깊고 커뮤니케이션은 투명해야 한다. 소비자와 사회는 기업이 그린워싱에 빠지지 않도록 비판적으로 감시하는 동시에, 진정성 있는 ESG 활동은 드러내고 확산할 수 있도록 긍정적인 반응과 지지를 함께 보낼 필요가 있다.

'그린워싱(Greenwashing)'이라는 용어는 1986년 미국의 환경운동가 제이 웨스터벨(Jay Westerveld)이 처음 사용한 것으로, 그 기원은 당시 호텔업계의 '수건 재사용 캠페인'에 대한 비판에서 비롯되었다. 당시 많은 호텔들은 환경 보호를 명목으로 투숙객들에게 수건을 재사용해 달라고 요청했지만, 정작 에너지 절약이나 폐수 관리 등 실질적인 환경 보호 노력은 거의 하지 않았다. 웨스터벨은 이를 '겉으로만 친환경적인 척'하는 기업의 위선이라며 그린워싱이라는 신조어로 비판했고, 이 개념은 이후 전 세계 환경운동과 소비자 권리 보호 논의 속에서 확산되기 시작했다.

1990년대 들어 환경문제가 글로벌 의제로 부상하면서, 기업들은 '지속가능성(Sustainability)'이라는 키워드를 경영의 한 축으로 채택하기 시작했고, 친환경 브랜드 이미지를 강화하는 전략이 점점 일반화되었다. 특히 2000년대 이후에는 글로벌 금융시장과 투자기관들이 ESG를 기준으로 기업을 평가하기 시작하면서, 친환경 활동은 단지 도덕적 요구가 아니라 투자 유치와 브랜드 가치 제고의 전략적 수단으로 부상했다.

이러한 흐름 속에서 그린워싱은 더욱 교묘하고 복잡한 형태로 진화했다. 기업의 ESG 보고서, 광고, 포장지 등에는 '지속가능성', '녹색 전환', '기후 중립', '환경을 위한 노력' 등의 표현이 빈번하게 등장하지만, 그 이면에는 실질적인 실천이 부족하거나, 일부만을 과장해 홍보하는 경우가 많았다.

최근 시민사회와 학계는 기업의 그린워싱을 비판적으로 분석하고 검증하려는 다양한 움직임을 전개하고 있다. 이러한 노력은 기업의 ESG 활동의 진정성을 확보하고, 소비자와 투자자에게 신뢰할 수 있는 정보를 제공하기 위한 것이다.

시민사회의 대응

　시민사회 단체들은 기업의 그린워싱을 감시하고 이를 공개적으로 알리는 활동을 활발히 수행하고 있다. 예를 들어, 2023년, 환경단체 그린피스는 국내 주요 대기업들이 운영하는 소셜미디어 계정(예: 인스타그램, 유튜브, 블로그 등)을 분석 대상으로 삼아, 일반 시민들이 직접 참여한 방식의 **'시민참여형 모니터링 조사'를 실시하였다.** 이 조사는 단순히 기업의 광고나 ESG 보고서를 평가하는 데 그치지 않고, 실제로 **소셜미디어 콘텐츠에서 친환경 키워드가 어떻게 사용되고 있는지**, 그리고 그 주장에 **구체적인 근거나 실천 내용이 수반되고 있는지**를 분석하는 데 초점을 맞추었다.

　그 결과, 여러 기업들이 **"지속가능한 브랜드"**, **"친환경 소재 사용"**, **"제로 웨이스트 제품"** 등과 같은 긍정적 이미지의 언어를 빈번하게 활용하고 있었지만, 정작 그러한 표현을 뒷받침하는 **정량적 데이터나 실질적인 ESG 전략**은 대부분 부재하거나 매우 제한적이었다. 예를 들어, "탄소중립 포장"이라고 언급하면서도 **정확히 어떤 방식으로 탄소를 상쇄했는지에 대한 설명이 없는 사례**, 혹은 플라스틱을 사용하고 있음에도 '재활용 가능하다.'는 문구로 그린 이미지를 강조한 경우 등이 대표적이다.

　이 보고서는 결국, 기업들이 소비자와의 신뢰를 구축하기 위해 '말의 이미지'를 앞세우고 있는 현실을 비판하며, 소셜미디어를 통한 ESG 커뮤니케이션이 투명하고 검증 가능한 정보를 기반으로 이루어져야 함을 강조하였다. 나아가, 기업의 자발적 공시를 넘어서, 시민과 소비자가 참여할 수 있는 감시 시스템의 필요성을 제기하며, 향후 정책적 대응의 근거 자료로 활용될 수 있는 토대를 마련하였다.

또한, 대만의 시민단체인 녹색시민행동연맹(Green Citizen Action Alliance)은 국내외 환경 감시 활동의 일환으로, 기자회견을 열고 **국내 기업들의 대표적인 그린워싱 사례를 정리해 공개하였다.** 이들은 특히 다국적 브랜드 또는 대형 유통·소비재 기업들이 대만 시장에서 '친환경 제품', '탄소 저감 포장', '지속가능한 원료 사용' 등을 주장하며 홍보하는 마케팅 사례를 수집·분석하였다.

분석 결과, 여러 기업들이 **표면적으로는 환경 보호와 지속가능성을 강조하고 있지만, 실제로는 해당 주장을 뒷받침할 과학적 근거나 구체적 성과 데이터가 부족하거나 불투명**하다는 점이 문제로 지적되었다. 예를 들어, 한 식음료 기업은 '생분해성 포장재'라는 문구를 강조했으나, 실제로는 특정 조건(산소, 온도, 습도)이 갖추어진 산업용 설비에서만 분해되는 재질을 사용하고 있었고, 이는 일반 소비 환경에서는 여전히 플라스틱 쓰레기로 남는다는 점이 드러났다.

녹색시민행동연맹은 이에 대해 **기업의 자율적인 ESG 마케팅만으로는 환경 보호 효과를 기대하기 어렵다**고 비판하며, **정부 차원의 규제 강화와 표준화된 환경 정보 공개 제도 마련**을 촉구하였다. 또한 시민이 쉽게 접근할 수 있는 '친환경 정보 검증 플랫폼' 구축의 필요성도 제기하였고, ESG 마케팅에 대한 공정거래 및 소비자 보호 기준 마련을 요구하였다. 이러한 움직임은 단순한 캠페인을 넘어 **소비자 권리의 일환으로서 투명하고 검증된 환경 정보 접근권을 요구하는 흐름**으로 확장되고 있다.

학계의 연구와 분석

학계에서도 그린워싱에 대한 **체계적이고 다각적인 연구가 활발히 진행되고 있다**. 초기에는 주로 기업의 환경 마케팅과 지속가능성 보고서의 진위 여부를 중심으로 논의가 이루어졌지만, 최근에는 **그린워싱이 소비자 행동과 기업 평판, 나아가 ESG 생태계 전반에 미치는 영향까지 포함하는 포괄적 분석**으로 확장되고 있다.

예를 들어, 한 국내 연구에서는 대기업들의 ESG 보고서를 대상으로, '탄소중립', '친환경', '지속가능한 경영' 등 긍정적인 언어 사용 빈도와 그 실질적 실행 성과 간의 괴리를 비교 분석하였다. 연구 결과, 이러한 과장되거나 근거가 불분명한 지속가능성 주장이 소비자들에게 **오히려 기업에 대한 회의감을 불러일으키고**, 브랜드에 대한 **신뢰도 하락과 구매 의도 저하**로 이어질 수 있음을 실증적으로 밝혀냈다. 즉, 그린워싱은 단순한 마케팅 문제가 아니라, **기업의 장기적 경쟁력에 악영향을 줄 수 있는 신뢰 리스크**로 작용하는 것이다.

또한, 소셜미디어에서의 그린워싱 담론에 주목한 연구들도 등장하고 있다. 특히 '#greenwashing'이라는 해시태그를 중심으로 트위터, 인스타그램, 유튜브 등 다양한 플랫폼에서 **소비자와 시민사회가 자발적으로 ESG 이슈를 논의하고, 기업의 환경 주장에 대한 감시자 역할**을 수행하고 있다는 점이 강조되었다. 이 연구는 그린워싱이 단지 기업 내부의 홍보 전략으로 끝나는 것이 아니라, **온라인 여론과 디지털 소비자 행동을 통해 빠르게 확산되고 검증받는 시대적 특징**을 지적하며, ESG 커뮤니케이션 전략이 투명성과 상호성과 연결되어야 함을 시사하였다.

이처럼 학계의 최근 연구는 그린워싱을 **기업 윤리, 정보 신뢰도, 소비자 반응, 사회적 감시 메커니즘** 등 다양한 관점에서 분석하고 있으며, 이는 향후 ESG 정책 설계와 기업 전략 수립에 있어 실질적 기준을 제공할 수 있는 이론적 토대를 형성해 가고 있다.

종이빨대의 진실

스타벅스는 2018년부터 전 세계 매장에서 플라스틱 빨대를 단계적으로 없애고 종이 빨대 또는 빨대 없는 컵 리드(뚜껑)를 도입하겠다는 계획을 발표하며, 친환경 기업 이미지를 강하게 내세우기 시작했다. 이 조치는 곧바로 전 세계 언론의 주목을 받았고, 많은 소비자들에게도 "환경을 생각하는 글로벌 기업"이라는 긍정적인 인식을 심어 주었다. 실제로 당시 스타벅스는 매년 약 10억 개 이상의 플라스틱 빨대를 사용하고 있었기 때문에, 이를 대체한다는 정책은 큰 의미가 있어 보였다.

하지만 이 정책에는 숨겨진 한계가 있었다. 스타벅스가 대체제로 선택한 종이 빨대는 겉보기에는 플라스틱보다 친환경적인 소재처럼 보이지만, **방수 기능을 위해 겉면에 폴리에틸렌(PE)이나 왁스 계열 코팅이 적용되어 있었으며, 이로 인해 일반적인 종이류 재활용 공정에서는 처리하기 어렵다는 사실**이 점차 알려지기 시작했다. 재활용 과정에서 플라스틱 코팅층을 분리해내기 위한 설비가 갖춰져 있지 않다면, 이 종이빨대는 오히려 '혼합 폐기물'로 분류되어 일반 쓰레기로 처리될 수밖에 없었다. 결국 이는 '친환경'이라는 명분과 실제 효과 사이의 괴리를 보여 주는 사례가 되었다.

더 나아가, 일회용 빨대 자체를 대체하지 않고 단지 '소재'만 바꾸는 방식은 **근본적인 환경 문제 해결보다는 외형적 변화에 집중한 결정**으로 평가받기도 했다. 실제로 빨대 없는 컵 설계나 텀블러 사용 장려 등 보다 구조적 접근이 필요한 상황에서, 종이빨대 도입은 '보기에만 친환경적인' 시도로 비춰졌고, 이는 그린워싱 논란을 불러일으켰다.

이 사례는 기업이 **ESG 이미지 개선을 위해 추진한 변화가 충분한 기술적·환경적 검토 없이 시행될 경우, 오히려 역효과를 낳을 수 있다는 점을 잘 보여 준다.** 소비자의 인식 변화와 사회적 기대에 부응하기 위해 도입된 정책이, 실질적인 환경 효과 없이 외형적 메시지에 치중하게 되면 결과적으로 신뢰를 저하시킬 수 있다. 특히 ESG에 민감한 MZ세대 소비자들은 이제 단순한 '선언'보다, **실행의 진정성과 데이터 기반 투명성**을 더욱 중시하고 있다.

친환경 옷? 패션 산업의 양면성

최근 수많은 의류 브랜드들이 앞다투어 '친환경'을 내세우며 ESG 경영의 일환으로 **재활용 원단 사용, 비동물성 소재, 탄소배출 저감 공정** 등을 강조하고 있다. 특히 광고나 제품 라벨에는 '지속가능한 소재', '환경을 생각하는 컬렉션', '비건 패션' 같은 용어들이 자주 등장하며, 소비자에게 '착한 소비'를 유도한다. 하지만 실제 내용을 들여다보면 이러한 시도들은 **상징적인 수준에 머무르거나, 핵심적인 환경 문제를 가리는 수단**으로 사용되고 있는 경우가 많다.

예를 들어, 어떤 글로벌 SPA 브랜드는 "재활용 폴리에스터로 만든 티셔츠"를 대대적으로 홍보했지만, 해당 제품은 전체 생산량의 1%도 채 되지 않았다. 나머지 99%의 제품은 여전히 **버진 플라스틱, 화학 염색 원단, 에너지 집약적 생산방식**을 사용하고 있었다. 즉, 일부 친환경 제품을 전면에 내세워 브랜드 이미지를 포장하지만, 정작 기업 전체의 환경 발자국은 거의 줄어들지 않은 것이다.

더 큰 문제는 이러한 '친환경 컬렉션'이 대부분 **패스트 패션(Fast Fashion)** 모델 내에서 기획되고 있다는 점이다. 패스트 패션은 소비자가 짧은 주기로 저렴한 옷을 구매하고 쉽게 버리도록 유도하는 방식으로, **과잉 생산과 과잉 폐기**라는 구조적 문제를 내포하고 있다. 아무리 친환경 원단을 사용하더라도, 전체적으로 생산량이 많고 수명이 짧은 의류가 반복적으로 유통된다면, 이는 환경에 도움이 되기보다 오히려 더 많은 자원을 낭비하는 결과로 이어진다.

실제로 의류 한 벌을 생산하는 데는 **평균 2,500~3,000리터의 물**이 사용되며, 이는 한 사람이 1년 동안 마실 수 있는 물의 양을 훨씬 넘는다. 염색 공정에서 사용되는 염료는 폐수로 배출되어 하천과 해양 생태계에 심각한 오염을 유발하고, 글로벌 공급망을 따라 장거리 운송이 이루어지며 막대한 탄소를 배출한다. 특히 전 세계 온실가스 배출의 약 8~10%가 의류 산업에서 발생하고 있다는 점은, 이 산업이 결코 가볍게 다뤄질 문제가 아님을 보여 준다.

결국, 브랜드가 '지속가능한 패션'을 주장하려면 **단지 소재를 바꾸는 수준을 넘어서, 생산 방식과 유통 전략, 소비자와의 소통 방식 전체를 변화**시켜야 한다. 그렇지 않으면, 그린워싱이라는 비판에서 벗어날 수 없다. 소비자 역시 브랜드가 제시하는 '친환경' 문구의 실제 의미와 그 이면에 있는 구조를 함께 살펴볼 필요가 있다. 진정한 ESG 패션은 단지 티셔츠 하나가 재활용 소재라는 데 있지 않다. 그것은 **패션의 방식 자체를 다시 설계하려는 용기와 실행력**에 달려 있다.

비건 마케팅의 함정

최근 식품과 화장품 산업을 중심으로 '**비건(Vegan)**'이라는 키워드가 하나의 **소비 트렌드이자 윤리적 마케팅 수단**으로 부상하고 있다. 특히 MZ세대를 비롯한 젊은 소비자층은 동물권, 지속가능성, 환경 보호와 같은 가치를 중요하게 여기며, 제품 선택 시 "비건 인증" 여부를 구매 판단 기준 중 하나로 삼기도 한다.

비건 마케팅은 주로 '**동물 실험을 하지 않았다.**', '**동물성 원료를 포함하지 않았다.**'는 메시지를 중심으로 전개된다. 이러한 문구는 소비자의 감정과 윤리의식을 자극해, 단순한 제품 선택을 넘어 '가치 소비'로 연결되게 만든다. 실제로 여러 브랜드들이 비건 화장품, 비건 간식, 비건 의류 라인을 앞다투어 출시하고 있으며, 이 제품들은 종종 일반 제품보다 **프리미엄 가격대**로 판매된다.

하지만 이와 같은 **비건 마케팅의 실효성에 대한 비판적 시각도 동시에 커지고 있다.** 가장 큰 문제는, **비건 인증 여부가 곧 '지속가능성'이나 '환경 친화성'을 보장하는 것은 아니라는 점**이다. 예컨대 어떤 화장품이 동물성 원료를 사용하지 않았다는 이유로 비건 인증을 받았다고 하더라도, 그 제품의 다른 성분이 인체에 유해하거나 생태계에 악영향을 줄 수 있는 화학물질일 수 있다. 더 나아가, 해당 제품의 **포장재가 재활용이 불가능한 복

합재질이거나, 플라스틱 사용량이 과도할 경우, 오히려 환경 부담은 커질 수 있다.

실제로 일부 브랜드는 제품의 1~2가지 요소만을 기준으로 비건 인증을 받은 뒤, 이를 마케팅의 전면에 내세워 친환경적 브랜드 이미지를 구축하고 있다. 그러나 이러한 '부분적 친환경성'은 제품의 **전체 생애주기(Life-cycle Assessment)**, 즉 원료 채취부터 생산, 포장, 유통, 소비, 폐기에 이르기까지의 총체적 환경 영향을 고려하지 않는 한, 소비자에게 **왜곡된 정보와 과장된 기대**를 심어 줄 수 있다.

결국 비건이라는 이름이 붙었다고 해서 그것이 곧 **윤리적이고 지속가능한 소비**를 의미하는 것은 아니다. 소비자는 마케팅 메시지에만 의존하지 않고, 제품의 전반적인 환경 영향과 기업의 실제 ESG 전략을 함께 살펴볼 필요가 있다. 기업 역시 단편적인 윤리성만을 강조하는 마케팅을 지양하고, **전체 시스템 수준에서 진정성 있는 지속가능성 전략**을 제시해야 할 시점이다.

말뿐인 ESG의 특징

그린워싱은 단순한 광고나 마케팅 수준의 문제가 아니다. 이는 **기업의 ESG 경영 전반에 대한 사회적 신뢰를 훼손할 수 있는 구조적 리스크**로 작용한다. 특히 이러한 문제가 가장 뚜렷하게 드러나는 지점은 바로 기업이 발간하는 지속가능경영보고서(Sustainability Report)에서이다. 많은 기업들이 매년 ESG 보고서를 작성하고, 다양한 환경 인증 마크와 지속가능성 지표를 나열하며, 자신들의 친환경 노력을 대외적으로 부각시킨다. 그러나 실제 내용을 들여다보면, 이러한 보고서 중 상당수가 **실질적 성과보다는 이미지 관리에 집중된 '포장된 메시지'에 가까운 경우**가 적지 않다.

일례로, 보고서에서는 '탄소 배출량 ○% 감축', '친환경 포장 도입률 증가', '재활용률 상승' 등의 수치가 강조되지만, 해당 수치가 어떤 기준과 방법론에 따라 산정되었는지에 대한 설명이 불충분하거나, 절대량보다 비율만 부각되어 있는 경우가 많다. 또한 기준 연도를 임의로 선택하거나, 본사의 실적만 포함하고 협력사나 공급망 전체의 데이터는 제외함으로써 환경 성과를 의도적으로 과대 포장하기도 한다.

보고서에 사용되는 **고해상도 이미지, 아이콘, 그래픽, 인터뷰 코너 등 시각적 요소** 역시 실질적인 ESG 전략보다는 브랜드 이미지를 강화하는 데 활용된다. 이는 일견 세련된 '커뮤니케이션'처럼 보이지만, **실천의 구체성과 검증 가능성은 부족한** 경우가 대부분이다. 일부 보고서는 '스토리텔링' 형식으로 접근하여, 사내 봉사활동이나 환경캠페인을 장황하게 소개하지만, 정작 기업의 핵심 사업이 야기하는 탄소배출, 생태계 파괴, 공급망 인권 문제 등은 언급하지 않거나 의도적으로 축소 서술한다.

또한, 제3자 검증 없이 자체 기준에 따라 작성된 보고서일 경우, **이해관계자들이 그 내용을 신뢰하고 기업의 지속가능성을 판단하기 어려워지는 문제**도 발생한다. 특히 투자자나 소비자, 정책 입안자들이 이 보고서를 ESG 경영 수준의 판단 근거로 삼을 경우, 왜곡된 정보가 의사결정에 영향을 줄 수 있다. 결국 지속가능경영보고서의 포장된 내용은 **기업의 ESG 투명성을 저해하고, 전반적인 지속가능성 생태계에 신뢰를 떨어뜨리는 결과**로 이어질 수 있다.

따라서 기업의 지속가능경영보고서는 단순한 'PR 도구'가 아닌, **실제 이행 현황과 한계를 투명하게 드러내는 책임 보고의 수단**이 되어야 한다. 이를 위해서는 외부 전문가에 의한 독립적 검증, 산업 표준에 따른 정량

지표 사용, 부정적 성과에 대한 성실한 공개 등의 노력이 병행되어야 한다. 그렇지 않으면 그 보고서는 오히려 **그린워싱을 제도화한 문서**가 될 수 있다.

이른바 '말뿐인 ESG'는 다음과 같은 특징을 가진다.

1. **포괄적인 목표 설정**: "탄소중립을 달성하겠습니다."라는 선언은 있지만, 구체적인 실천 계획이나 중간 목표, 평가 기준이 부족하다.
2. **선별적 정보 공개**: 유리한 수치는 강조하고 불리한 지표는 숨기거나 생략한다.
3. **단기적 프로젝트 집중**: 지속적인 변화보다는 일회성 캠페인이나 소규모 친환경 제품 개발에 그친다.
4. **3자 검증 부족**: ESG 활동에 대한 외부 검증이나 평가가 없는 경우가 많다.

소비자의 역할과 책임

오늘날 ESG 시대의 소비자는 단순한 구매자가 아니라, 사회적 선택권을 가진 '행동하는 감시자'다. 우리는 매일같이 어떤 제품을 구매하고 어떤 브랜드를 선택할지를 고민하며, 그 과정에서 기업의 메시지를 수용하거나 거부하는 선택을 하고 있다. 이러한 일상의 소비가 결국 **기업의 가치와 경영 전략에 영향을 미치는 신호**로 작용한다는 점에서, 소비자 개개인의 선택은 결코 가볍지 않다.

특히 그린워싱이 만연한 시대에는 소비자 스스로가 비판적 시각(Critical Perspective)을 갖추는 것이 필수적이다. 제품에 '친환경', '비건', '지속가능'이라는 문구가 붙어 있다고 해서 무조건 믿기보다는, "어떤 기준으로 그렇게 주장하는가?", "공식 인증이 있는가?", "전체적인 기업의 운영 전략과 얼마나 연결되어 있는가?"를 따져보는 태도가 필요하다. 진정한 ESG는 단일 제품이나 일회성 캠페인에서 발생하는 것이 아니라, **기업의 전사적 구조와 문화에 내재된 지속가능성 전략** 속에서 나타나야 한다.

예를 들어, 친환경 소재를 사용한 가방을 하나 출시했다고 해도, 해당 브랜드가 대량생산·과잉 소비를 조장하는 시스템을 유지하고 있다면, 이는 전체적으로 친환경적이라 보기 어렵다. 소비자는 단지 '제품 하나의 착함'이 아니라, **기업 전체의 진정성과 책임 의식을 평가하는 능동적 판단자**

가 되어야 한다. 더 나아가, 소비자들은 자신이 얻은 정보와 판단을 SNS, 블로그, 리뷰 플랫폼 등을 통해 공유함으로써 **다른 소비자들의 인식을 변화시키고, 기업에게 더 큰 압력을 가하는 연결자 역할**도 수행할 수 있다.

이러한 소비자의 비판과 감시는 단순한 불만 제기나 불매운동을 넘어, 기업에게 지속가능한 방향으로 나아갈 유인을 제공하는 중요한 기제로 작용한다. 실제로 많은 기업들이 소비자 피드백을 바탕으로 ESG 보고서를 보완하고, 제품 개선 또는 정책 수정을 단행하기도 한다. 요컨대, 소비자는 '기업을 응원하는 고객'일 뿐만 아니라, **기업의 ESG 방향을 함께 조정해 나가는 파트너**인 셈이다.

결국, 소비자의 책임은 더 나은 선택을 통해 더 나은 시장을 만들어가는 데 있다. 친환경이라는 말에 무조건 동조하는 것이 아니라, 진정으로 환경과 사회를 생각하는 브랜드를 선별하고 지지함으로써, 우리는 스스로도 지속가능성의 일원이 될 수 있다. 그리고 그 변화는 언제나 **나부터 시작된다.**

마치며

그린워싱은 단순한 과장이 아니라, 소비자와 사회를 기만할 수 있는 심각한 문제다. 이는 우리 모두가 좀 더 현명한 소비자가 되어야 할 필요성을 일깨워 준다.

착한 줄 알았는데 속았던 경험들, 그 속에서 우리는 무엇을 배울 수 있을까? 그리고 앞으로는 어떤 기준으로 소비와 기업을 바라보아야 할까? 이 책은 그 물음에서 출발한다.

2장

왜 기업들은 '그린 척'을 할까?

사회가 만든 '착한 기업'의 기준

불과 몇십 년 전까지만 해도 기업의 성공은 단순했다. 제품을 잘 만들고, 많이 팔고, 이윤을 많이 내면 그것으로 충분했다. 기업은 '성공했네.', '장사 잘되네.'라는 평가를 받았고, 소비자들은 가격과 품질만 따져 물건을 골랐다. 그런데 지금은 상황이 다르다. 이제 기업은 단지 '잘 팔리는' 존재가 아니라, '잘 살아야 하는' 존재가 되었다.[1]

이제는 소비자만 바라보는 시대가 아니다. 기업이 내딛는 모든 행보는 소비자, 투자자, 시민단체, 정부 등 수많은 이해관계자의 눈을 피할 수 없다. 사람들은 묻는다.

"이 기업, 물건은 잘 팔지만 혹시 환경은 파괴하지 않나?"

"여기서 만든 옷, 혹시 어린이 노동력으로 만들어진 건 아니야?"

"이 회사, 직원들 복지는 챙기고 있나?"

그 질문은 단순한 호기심이 아니다. 그것은 기업이 '착하게' 살아야 할 이유이자, 사회가 기업에게 보내는 살아남을 자격의 시험지이다.

소비자는 이제 단순히 "싸고 좋은 물건"만을 찾지 않는다. 오히려 가격이 조금 더 나가더라도, '지속가능성', '공정무역', '윤리적 생산', '탄소중립'

---

1) 이 부분은 이해관계자 자본주의에 잘 나타나 있다.(레베카 핸더슨, 2021)

같은 말을 더 중요하게 여긴다. 어떤 소비자는 제품을 사기 전에 제품 라벨을 한참 들여다보고, 어떤 투자자는 재무제표보다 ESG 등급표를 먼저 본다. 기업의 광고가 아무리 멋져도, SNS에서 "이건 가짜다.", "그린워싱이다."라는 말 한마디에 소비자들은 등을 돌린다.

투자자들도 예외는 아니다. 특히 기관 투자자들은 ESG 점수를 기업 평가의 필수 항목으로 삼고 있다. 환경 리스크에 무방비한 기업은 장기적으로 투자 가치가 낮다고 판단한다. 연기금, 글로벌 자산운용사, ESG ETF 등이 모두 "착한 기업에만 돈을 주겠다."고 선언하는 시대다. 이러한 부분은 특히 국민연금과 같은 연기금은 더한 상황이다.

국민연금기금은 세계적인 장기 투자자로서, 지속가능한 투자 원칙에 따라 ESG(환경·사회·지배구조) 요소를 고려한 책임투자를 적극적으로 추진하고 있다. 2019년 국민연금은 '책임투자 활성화 방안'을 통해 ESG 요소를 기금운용 전반에 반영하기로 하고, 이후 주주권 행사 강화, ESG 통합 고려, 투자대상 선정 시 ESG 평가 활용 등을 확대해 왔다. 특히 스튜어드십 코드 도입 이후, 기업의 장기적인 가치 제고를 위해 주주제안, 의결권 행사, 기업과의 지속적 대화(Engagement)를 통해 기업 지배구조 개선과 ESG 리스크 대응을 유도하고 있다.

또한 국민연금은 ESG 관련 데이터를 활용하여 포트폴리오 리스크를 관리하고, 투자 기업의 환경 및 사회적 리스크를 분석함으로써 기금의 장기 수익성과 안정성을 동시에 추구하고 있다. 환경 분야에서는 탄소배출 감축에 대한 기업의 대응, 사회 분야에서는 인권, 노동환경 등을 고려하며, 지배구조 측면에서는 이사회 독립성, 주주권 보호, 경영 투명성 등을 주요 분석 지표로 삼는다. 국민연금은 이러한 ESG 투자 확산을 위해 외부 운용사에게도 ESG 기준을 제시하고 평가에 반영하는 한편, 국내외 연기금 및 기관투자자와의 협력도 확대하고 있다.

최근에는 '2050 탄소중립 목표'와 연계해 기금의 탈석탄 투자 방침도 일부 발표하며, 기후변화 대응이라는 글로벌 흐름에도 적극적으로 부응하고 있다. 이러한 국민연금의 ESG 활동은 단순한 윤리적 선택이 아니라, 기금의 장기적 수익률 제고와 국민의 노후자산 보호를 위한 전략적 접근으로 자리 잡고 있다.

여기에 **정부의 역할**도 결코 빠질 수 없다. 지금 이 순간에도 세계 각국의 정부는 **기업의 지속가능성 책임을 제도화하고 규제화**하는 데 앞장서고 있다. 과거에는 자율적으로 작성되던 지속가능경영보고서(Sustainability Report)가 이제는 많은 국가에서 **의무공시 대상**이 되었고, 그 범위도 단순한 활동 소개 수준을 넘어서 **정량화된 데이터, 구체적인 실행 현황, 공급망 리스크까지 포함하는 수준으로 확대**되고 있다.

미국: SEC의 기후공시 규정 도입

미국에서는 2024년, 증권거래위원회(SEC)가 상장기업에 대한 **기후정보 공시 규정**을 최종 확정하였다. 이에 따라 미국 내 상장기업은 자사의 직접적인 온실가스 배출량(Scope 1)과 전력·열 등 간접 에너지 사용으로 인한 배출(Scope 2)을 공시해야 하며, 특정 기준을 충족하는 경우에는 **공급망 및 소비단계에서의 탄소 배출(Scope 3)**[2]정보까지도 공개해야 한다.

---

2) Scope 3는 기업의 가치사슬 전반에서 발생하는 간접 온실가스 배출로, Scope 1(직접 배출), Scope 2(전력·열 등 간접 배출) 외의 기타 모든 간접 배출을 포함한다. 원재료 생산, 제품 운

SEC는 이러한 조치를 통해 **투자자 보호, ESG 정보의 투명성 확보, 그리고 시장의 신뢰 회복**을 노리고 있다. ESG 공시가 더 이상 선택적 정보가 아닌, **의무적이고 검증 가능한 재무적 위험 요소로 간주되는** 전환점이 마련된 것이다.

유럽연합(EU): 공시를 넘어 실천까지 강제하는 CSDDD

유럽연합은 한 발 더 나아가 **기업의 ESG 리스크 관리에 법적 책임을 부과하는 수준까지 진입**했다. 대표적인 사례가 바로 지속가능성 실사 지침(CSDDD: Corporate Sustainability Due Diligence Directive)이다. 이 지침은 유럽 내에서 일정 규모 이상의 매출을 올리는 다국적 기업이 **글로벌 공급망 전반에서 발생하는 인권 침해, 환경 파괴, 아동 노동, 노동 착취 등과 같은 문제를 사전에 점검하고 시정할 법적 의무를 지도록 강제**하고 있다.

가령 유럽에 본사를 둔 소비재 기업이 동남아시아의 원자재 조달 과정에서 아동 노동이나 불법 벌목 등의 문제가 발생했을 경우, 기업이 이를 **'몰랐다'고 해도 책임이 면제되지 않는다.** 실사를 소홀히 하거나 리스크를 방치했다면 **기업은 민사적 손해배상, 행정처분, 투자 제재 또는 매출의 일정 비율에 해당하는 과징금(최대 5%)을 부담**해야 할 수 있다. CSDDD는 단순히 이미지 관리용 ESG가 아니라, **실제 비즈니스 전반에 ESG 원칙을**

송, 직원 출장, 제품 사용 및 폐기 과정 등에서 배출이 발생하며, 전체 온실가스 배출량의 70% 이상을 차지하는 경우도 많다. 그러나 공급망 전반의 데이터 확보가 어렵기 때문에 측정과 관리가 가장 복잡한 영역이다. 이에 따라 많은 글로벌 기업들은 협력사 ESG 평가 및 공급망 관리 강화를 통해 Scope 3 배출 감축에 힘쓰고 있다.

통합해야만 살아남을 수 있는 제도 환경을 만든다는 점에서 의미가 깊다.

유럽연합은 이미 2023년부터 CSRD(Corporate Sustainability Reporting Directive)를 통해 공시 기준을 강화하고 있으며, CSDDD는 이를 넘어 **실천 책임과 공급망 관리 책임까지 확대하는 강력한 정책 장치**로 작동하고 있다.[3]

요컨대, ESG는 단순한 마케팅이나 평판 관리의 문제가 아니라, **글로벌 시장에서 사업을 지속하기 위한 생존 조건**이 되었다. '착한 기업'이라는 이미지만으로는 더 이상 충분하지 않다. 진정성 있는 실천과 데이터 기반의 투명성, 그리고 법적 책임을 다하려는 태도가 결여된다면, 기업은 시장에서 신뢰를 잃고 문턱조차 넘기 어려워질 것이다. 이제 ESG는 단순한 선택이 아니라, **글로벌 경제의 표준이자 무대에 오르기 위한 입장권**이다.

결국, 현대의 기업은 단순히 잘 만들고 잘 팔기만 해서는 안 된다. 그보다 중요한 것은 어떻게 만들고, 누구를 위해, 무엇을 지키며 운영되고 있는가이다. 이것이 바로 사회가 새롭게 만든 '착한 기업'의 기준이다. ESG를 실천하지 않으면 사회가 외면하고, 시장이 응답하지 않으며, 투자자가 이탈한다. 요컨대, 이제 착하지 않으면 팔리지 않는 시대, 우리는 그런 시대에 살고 있다.

---

3) 유럽연합도 2025년 초부터 옴니버스패키지라고 해서 기업들에게 비재무공시부담을 낮추어 주기 위한 안을 마련하고 있다.

ESG 점수 압박과 그린 마케팅의 유혹

많은 글로벌 기업들은 이제 **ESG 평가기관의 점수에 따라 자금 조달, 투자 유치, 주가, 브랜드 가치 등 핵심적인 경영 성과에 직간접적인 영향을 받는다.** 실제로 대형 자산운용사나 연기금은 ESG 점수가 일정 기준 이하인 기업에는 투자하지 않겠다는 방침을 세우기도 하고, 일부 정부 기관은 조달 입찰 시 ESG 등급을 기준으로 삼기도 한다. 이렇게 ESG 점수가 **기업의 '사회적 신용도'이자 '투자 자격'으로 기능**하는 시대가 도래한 것이다.

그러나 문제는 이 점수를 끌어올리는 일이 결코 쉽지 않다는 점에 있다. ESG 점수는 단순한 '선언'이나 '표현'이 아니라, 기업의 환경 데이터, 공급망 관리, 내부 통제, 노동 인권 등 광범위한 항목에 걸쳐 정량적 지표와 정성적 서술을 모두 요구한다. 그리고 이 모든 데이터는 신뢰할 수 있는 체계로 수집되고, 외부 검증을 거쳐야 하며, 업계 평균 또는 국제 기준에 비춰 평가된다. 이는 실제로 시간도 오래 걸리고 막대한 비용이 드는 작업이다.

예를 들어, 글로벌 전자기업 **삼성전자는 2021년부터 'RE100(재생에너지 100%)'** 가입과 동시에 전체 글로벌 사업장의 에너지 전환 계획을 수립했다. 특히 미국, 유럽, 중국과 같은 전력망이 개방된 지역은 빠르게 재생에너지 전환이 가능했지만, **한국이나 베트남, 인도와 같이** 재생에너지 공급 인프라가 미비한 국가에서는 **구조적 한계**에 부딪혔다. 결국 ESG 점수 상 'Scope 2(간접 에너지 사용)' 감축 항목에서의 실질적인 개선이 쉽지 않게 되었고, 이는 ESG 등급 전반에도 영향을 주었다.

또 다른 예로, 글로벌 의류 브랜드 **H&M**은 공급망의 투명성과 인권 기준 강화를 위해 협력업체에 대한 **지속가능성 실사(Supply Chain Audit)** 시스템을 도입했지만, 동남아시아와 남아시아 일부 공장에서 **실제 현장 조사 결과 노동자 과로, 저임금, 성희롱 문제**가 반복적으로 드러났다. 이는 ESG 평가기관에 의해 감점 사유로 반영되었고, 해당 기업은 점수 하락과 함께 주요 기관투자자의 비판 성명을 마주해야 했다. 협력업체의 인권을 실질적으로 개선하는 일은 **단순 감시로는 해결되지 않으며, 계약구조, 지역 정책, 문화적 변수 등 복합적인 요인을 수반**한다.

포스코는 ESG경영을 내세우며 지속가능성과 친환경 이미지를 강조해왔지만, 실제 운영에서는 그린 마케팅과 실질적 경영 사이의 괴리가 여러 차례 지적되어 왔다. 포스코는 주요 ESG 평가기관들로부터 양호한 평가를 받은 바 있지만, 평가기관 간 기준이 상이하여 동일 기업에 대한 ESG 등급이 최대 5단계까지 차이 나는 사례도 존재한다. 이러한 점은 기업이 점수 관리를 위해 지나치게 형식적인 대응을 하도록 유도하며, 실질적인 ESG 개선보다는 '보여 주기식 경영'으로 흐를 수 있는 위험성을 내포하고 있다.

'그린워싱'으로 공정위 제재 받는 포스코, 2025.4.18. 연합뉴스

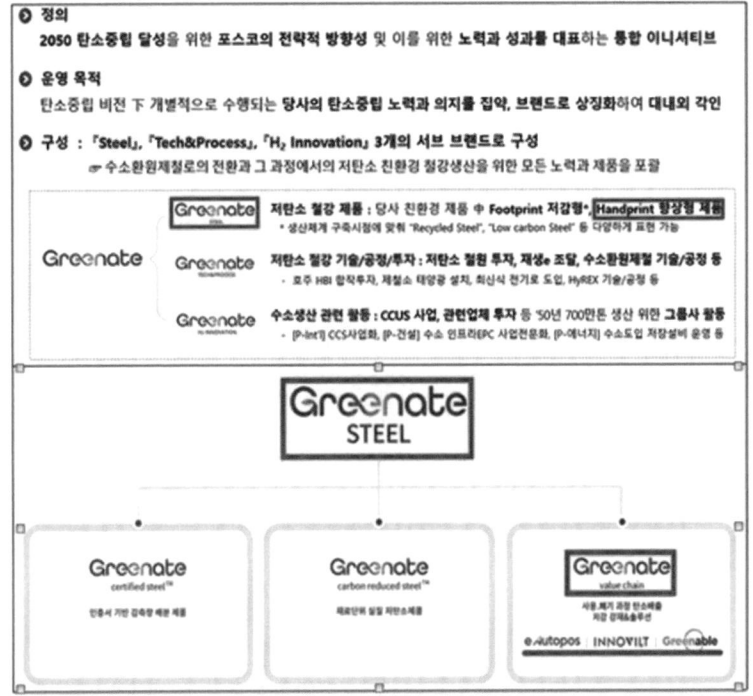

출처: 공정거래위원회

　이오토포스와 그린어블 역시 전기차 및 풍력에너지 설비 용도로 사용될 수 있는 철강재를 분류한 전략 브랜드일 뿐, 친환경 제품과는 차이가 있었다. 공정위는 포스코의 이 같은 홍보가 거짓·과장 광고에 해당한다고 보고 제재를 결정했다. 공정위는 "올바른 정보 제공으로 친환경 제품 소비가 활성화되도록 관련 광고의 법 위반 행위를 지속 감시하겠다."고 밝혔다.

　실제로 포스코는 사회(S)와 지배구조(G) 측면에서 반복적인 비판을 받

아왔다. 최근 5년간 산업재해 관련 법 위반이 7천 건을 넘고, 사망자 수도 40명을 상회하면서 '산재왕국'이라는 오명을 얻었다. 또한 2020년에는 포스코 임원들이 자사주 매입 직후 회사 차원의 대규모 자사주 매입을 결정하여 주가를 끌어올린 사례가 있었는데, 이는 내부 정보를 이용한 사적 이익 추구라는 지배구조상의 문제로 비판받았다. 더불어 포스코인터내셔널이 미얀마 국영 석유가스회사와의 사업을 통해 군부에 수익을 제공하고 있다는 사실은 국제사회에서의 윤리적 책임 문제를 제기하게 만들었다. 이처럼 포스코의 사례는 ESG 점수에 대한 외부 압박과 더불어 그린 마케팅의 유혹 속에서 기업이 겪는 현실적인 한계를 보여 준다. ESG 경영이 단순한 이미지 관리가 아닌, 기업 운영 전반에 걸쳐 진정성 있고 투명하게 실천되어야만 장기적인 기업 가치와 사회적 신뢰를 확보할 수 있음을 시사한다.

무신사, 업계 첫 '그린워싱 가이드라인' 발간

출처: 2025.4.13. 머니투데이 및 공정거래위원회 자료 참조

공정위는 지난 10일 거짓·과장 광고 혐의(표시광고법 위반)로 무신사에 경고 처분을 했다.

무신사는 2021년부터 지난해까지 자체상표(PB) 브랜드인 '무신사 스탠다드' 인조가죽 재킷 등 12개 제품이 다른 제품에 비해 친환경적이지 않은데도 '#에코레더' 해시태그로 광고한 혐의를 받는다. 무신사는 공정위의 처분을 받아들이고 재발 방지를 위해 노력할 방침이다. 이에 무신사는 '그린워싱' 방지 가이드라인을 발간했다.

가이드라인은 ▲환경성 표시·광고 8대 기본 원칙 ▲그린워싱 셀프 체크 리스트 ▲틀리기 쉬운 환경성 관련 표현 ▲환경성 관련 표시·광고 위반 사례 ▲환경 관련 국내외 주요 인증 등 5가지 주제로 구성됐다.

뿐만 아니라, 탄소배출 감축을 위해 생산 설비를 친환경 방식으로 전환하는 것은 **기업 재무에 큰 부담**을 주기도 한다. 세계 최대 철강 생산업체 중 하나인 아르셀로미탈(ArcelorMittal)은 고로(高爐) 기반 제철소를 수소 환원 방식으로 전환하기 위해 약 **150억 달러 이상의 장기 투자가 필요하다고 발표**한 바 있다. 이러한 설비 전환은 ESG 점수 상에서 긍정적 평가를 받을 수 있지만, 단기 실적 악화와 초기 투자 리스크로 인해 **중소·중견 기업에는 현실적으로 접근이 어렵다.**

이처럼 ESG 점수는 실제 기업의 환경·사회적 성과를 수치화하고 투명하게 공개하는 유용한 지표이지만, 이를 끌어올리기 위한 작업은 **단기간, 저비용, 상징적 노력만으로는 불가능**하다. 이로 인해 일부 기업은 '보여주기식 개선'에 몰두하고, 결국 그린워싱으로 이어지는 유인이 발생하게 되는 것이다.

이런 현실 속에서 일부 기업들은 '실질적인 개선'보다는 **'눈에 보이는 변**

화', 즉 형식적 보고와 이미지 관리에 우선순위를 두게 된다. 대표적인 사례로 종종 언급되는 것이 **글로벌 소비재 기업 A사의 ESG 보고서 발간 방식**이다. 이 기업은 매년 80~100페이지에 달하는 대규모 지속가능성 보고서(Sustainability Report)[4]를 발표하며, 보고서의 표지는 마치 환경 단체의 캠페인처럼 꾸며진다. 푸른 숲, 깨끗한 강, 웃고 있는 어린이와 지역 주민, 그리고 '지속가능한 지구를 위한 우리의 약속' 같은 문구가 시선을 끈다. **임직원의 봉사활동 사진, 사내 환경 캠페인 소개, 글로벌 기부 현황** 등이 풍부하게 수록되어 있어, 보고서만 보면 이 기업은 지속가능성의 교과서 같은 이미지를 풍긴다.

하지만 내용을 자세히 들여다보면, **화려한 외피에 비해 핵심 ESG 성과지표의 신뢰성과 포괄성이 크게 부족**하다는 것을 알 수 있다. 탄소배출량 보고를 예로 들면, 해당 기업은 자사의 배출량 감소 성과를 강조하면서도, **기준 연도를 전략적으로 변경하거나 배출량 절대값 대신 비율 감소만 제시**해 실질적인 감축 규모를 모호하게 만든다. 예를 들어, 2020년을 기준으로 25%를 감축했다고 명시하지만, 코로나19로 인해 생산량 자체가 줄어든 점은 별도로 언급하지 않는다. 그 결과 수치는 좋아 보이지만 **실제 감축의 지속가능성이나 구조적 노력은 확인하기 어렵다.**

또한 이 기업은 ESG 보고서에서 **Scope 1(직접 배출)과 Scope 2(간접 에

---

4) 지속가능성 보고서는 기업이 환경(E), 사회(S), 지배구조(G) 등 비재무적 성과와 지속가능경영 활동을 이해관계자에게 투명하게 공개하는 보고서이다. 온실가스 배출량, 노동조건, 인권, 이사회 구조, 윤리경영 등 다양한 ESG 관련 정보를 체계적으로 정리해 담는다. 투자자, 고객, 정부 등 이해관계자들이 기업의 지속가능성과 장기 가치를 평가하는 데 중요한 자료로 활용된다. 최근에는 글로벌 기준(예: GRI, SASB, ISSB 등)에 기반한 공시가 강조되며, 제3자 검증(Assurance)을 통해 정보의 신뢰성과 투명성도 강화되고 있다.

너지 사용 배출)만 보고하며, 기업 전체 배출량에서 가장 큰 비중을 차지하는 Scope 3(공급망 및 제품 사용 단계 배출)에 대한 정보는 명확히 공개하지 않는다. 즉, 제품의 생산·운송·소비·폐기 등 전체 생애주기에서 발생하는 배출은 계산 대상에서 제외하거나 '현재 검토 중'이라는 단서만 달아 놓는 방식이다. 하지만 이 기업은 가정용 제품을 전 세계 수억 명에게 판매하는 다국적 기업이기 때문에, **실제로는 Scope 3에서의 환경 영향이 절대적으로 크다.**

이러한 전략은 실제 개선보다는 ESG 점수나 이미지 관리에 최적화된 보고 방식이라고 볼 수 있다. 보고서 작성은 외부 컨설팅 또는 전담 부서에서 주도하며, 시각적으로 매력적인 요소를 강화하고 스토리텔링 중심으로 구성한다. 그러나 정작 제품 생산팀이나 공급망 관리 부서에서는 ESG와 연계된 핵심 성과지표 개선 작업이 별도로 진행되지 않거나, 느슨하게 연결되어 있는 경우가 많다. 이처럼 ESG 보고서가 기업 전체의 지속가능 경영 실천과 '동기화'되어 있지 않다면, 그것은 단지 문서화된 그린워싱의 형태로 전락할 수밖에 없다.

결과적으로, 이러한 접근은 단기적으로는 투자자와 소비자의 신뢰를 얻는 데 효과적일 수 있으나, 장기적으로는 **ESG 평가기관의 정교한 모니터링, NGO(Non-Governmental Organization)의 공개 조사, 소비자의 비판적 인식**에 의해 그 허상이 드러나게 된다. ESG 보고는 '보여 주는 것(show)'이 아니라, '보여 줄 수 있는 것(prove)'이어야 한다.

또 다른 예로, 한 글로벌 유통 대기업은 'ESG 우수 기업'으로 선정되었다는 보도자료를 배포하며, **'폐플라스틱 수거 캠페인'을 대대적으로 홍보**했다. 그러나 자세히 들여다보면 이 캠페인은 1년에 단 일주일 진행되었고, 수거된 양도 자사에서 판매한 일회용 포장재의 0.2%에 불과했다. 그럼에도 불구하고, 해당 활동은 ESG 보고서의 메인 항목으로 다뤄졌고, 언론과 투자자 대상 IR 자료에도 반복적으로 등장했다.

이처럼 **'ESG 점수'를 중심으로 한 경영 전략은 종종 그린워싱으로 연결될 수 있는 구조적 토양**을 제공한다. 보고서와 마케팅은 별도의 전담 부서가 담당하고, 그 부서는 ESG 지표에 맞는, 보여 주기 좋은 프로젝트'를 기획한다. 반면, 제품 설계나 공급망 관리 등 **근본적인 경영 구조에는 변화가 거의 없는 경우**가 많다. 이러한 **보고의 외형화, ESG의 형식화**는 결국 소비자와 투자자의 기대를 배반하게 되고, ESG 전반에 대한 신뢰 저하로 이어진다.

ESG 점수를 위한 '기획된 이야기(Narrative engineering)'는 단기적으로는 기업의 외형을 성공적으로 포장할 수 있다. 매끄러운 디자인의 ESG 보고서, 감성적인 홍보 영상, 그리고 한두 개의 상징적 친환경 프로젝트는 언뜻 보기에는 기업이 ESG를 진지하게 실천하고 있는 듯한 인상을 줄 수 있다. 이러한 전략은 실제로 일부 ESG 평가기관의 정량 평가 지표를 통과하는 데 효과적일 수 있으며, 언론과 대중의 긍정적인 주목도 끌어낸다.

하지만 이러한 '이야기 중심'의 ESG는 **오래가지 못한다.** 시간이 지날수록 **투자자들의 데이터 분석 역량은 점점 더 정교해지고, 시민단체와 학계의 ESG 감시 시스템도 체계화**되고 있으며, **소비자들 또한 그린워싱에 대한 경계심과 정보 접근 능력을 갖추기 시작했다.** 단순히 "탄소 감축 중"이라는 문구나 "친환경 포장재 사용"이라는 선언만으로는 신뢰를 얻을 수 없는 시대가 된 것이다.

실제로 글로벌 투자사들은 단순한 ESG 점수 대신, **구체적인 지표 기반**

의 비재무 정보, 예컨대 단위당 탄소배출량, 전체 공급망 중 인권 실사율, 재생에너지 사용 비율 등 행동 기반 데이터를 요구하고 있다. ESG 점수가 우수하더라도 실질적 감축이 없거나, 보고 내용과 실제 사업 운영 간 괴리가 드러날 경우 '그린워싱 리스크'로 분류되어 투자유치에 제약을 받는 **사례**도 점점 늘어나고 있다.

이처럼 **ESG의 진정성은 '말'이 아니라 '검증 가능한 변화'에서 시작된다.** 아무리 좋은 문장을 써도, 그것을 입증할 수 없다면 기업은 신뢰를 얻을 수 없다. 진짜 ESG는 보고서에 담긴 수사적인 문구나 이미지가 아니라, 그 문구를 뒷받침할 수 있는 **행동, 수치, 구조의 변화**에서 비롯된다. 탄소배출을 실제로 줄이고, 협력업체의 노동조건을 개선하며, 의사결정 구조에 다양성과 윤리를 반영하는 등의 노력은 시간이 걸리더라도 기업의 지속가능성을 위한 **근본적 토대**가 된다.

궁극적으로, ESG는 **'보여 주는 것'에서 '실행하는 것'으로, 그리고 '입증할 수 있는 것'으로 이동**하고 있다. 기업이 진정성을 갖고 지속가능성을 추구한다면, 언젠가 그것은 수치로, 실적으로, 그리고 시장의 신뢰로 되돌아올 것이다. 반대로 포장된 ESG는 신뢰 위기를 낳고, 시장으로부터 외면당하는 결과를 초래할 수 있다.

소비자의 감정 소비와 착한 소비의 상업화

현대 소비자는 점점 더 **'가치 기반(Value-driven)' 소비**를 지향하고 있다. 단순히 가격이 싸거나 성능이 뛰어난 제품을 찾는 것이 아니라, **브랜드의 철학, 사회적 책임, 친환경 여부 등 윤리적 기준을 고려한 소비 결정**을 하는 경향이 뚜렷해지고 있다. 특히 MZ세대(밀레니얼 + Z세대)를 중심으로 "내가 사는 물건이 곧 나의 신념과 정체성을 보여 주는 도구"라는 인식이 확산되고 있다. 이들은 소비 자체를 일종의 사회적 발언으로 여기며, 불공정하거나 환경을 해치는 기업의 제품은 구매하지 않는 것으로 '소비자의 권리'를 행사한다.

유니레버의 벤앤제리스는 기후위기 대응, 사회 정의, 인종 평등 등의 메시지를 브랜드 정체성의 핵심으로 내세운 기업이다.

특히 흑인 인권운동(Black Lives Matter)이나 기후행동 캠페인에 적극적으로 참여하면서, MZ세대를 중심으로 "윤리적 브랜드"로 인식되었고, 이에 공감한 소비자들의 충성도도 높다. 벤앤제리스 아이스크림은 비싸

고 고칼로리임에도 "가치 소비"의 대표로 불리며 소비자 선택을 받고 있다.

이런 소비자 트렌드는 기업 입장에서 매우 강력한 마케팅 포인트로 작용한다. 실제로 '비건', '제로웨이스트', '지속가능한', '에코프렌들리' 등의 단어는 브랜드에 도덕성과 고급성, 문화적 감각을 부여하며, 프리미엄 가격 정책을 정당화하는 도구로 활용된다. 다시 말해, '친환경'은 단지 윤리적 가치를 넘어, 수익을 높이는 전략적 키워드가 된 것이다.

글로벌 화장품 브랜드 러쉬(Lush)는 '비동물 실험(Cruelty-free)', '천연재료 사용(Natural ingredients)', '플라스틱 프리 포장(Plastic-free packaging)' 등을 브랜드 핵심 가치로 전면에 내세우며, 윤리적 소비를 중시하는 전 세계 소비자들로부터 강한 지지를 받고 있는 대표적인 사례다. 러쉬는 단순히 "좋은 화장품을 만든다."는 데 그치지 않고, 제품 하나하나에 환경과 인권, 동물복지에 대한 철학을 스토리텔링 방식으로 녹여낸다.

이 브랜드의 가장 큰 특징 중 하나는 **'동물 실험 반대'에 대한 강력한 입장**이다. 러쉬는 자사 제품뿐만 아니라 원재료 공급업체에게도 동물 실험을 하지 않을 것을 요구하며, 이 원칙을 지키기 위해 공급망 전체에 걸쳐 감사를 시행한다. 또한 'Lush Prize'라는 국제 상을 제정해 **동물 실험을 대체할 과학 기술 개발에 기여한 연구자와 기관에 매년 수천만 원의 상금을 지급**하고 있다. 이런 활동은 단순한 마케팅을 넘어 **ESG 실천의 진정성을 담보하는 요소**로 평가받는다.

또한, 러쉬는 **포장을 최소화하거나 아예 제거한 '네이키드(Naked)' 제품군**을 운영하며, 환경오염 문제에 대한 해결책을 제시하고 있다. 샴푸바, 고체 비누, 고형 향수 등은 일회용 플라스틱 용기를 사용하지 않고도 충분히 고급스러운 사용감을 제공한다. 매장 내에서도 일회용 포장 없이 구매 가능한 구조를 마련하고, 소비자에게는 리필 또는 리턴 보상 정책을 통해 **제품 사용 이후의 환경 발자국을 줄이도록** 유도하고 있다.

이러한 전반적인 브랜드 전략은 단지 제품의 '기능'을 강조하는 것이 아니라, **소비자가 '무엇을 소비하느냐?'보다 '왜 그것을 소비하느냐?'에 집중하게 만든다.** 특히 MZ세대는 러쉬의 제품을 선택하는 것을 단순한 쇼핑이 아닌 **자신의 철학과 사회적 입장을 표현하는 행위**, 즉 일상 속의 작은 '행동주의'로 인식한다. SNS를 통해 제품 사용 후기를 공유하거나, '#러쉬비건', '#플라스틱프리' 해시태그를 사용해 자신의 가치 소비를 드러내는 행위 자체가 **디지털 정체성의 일부**가 되어 가는 것이다.

이처럼 러쉬는 '착한 브랜드'의 이미지를 넘어서, **진정성을 갖춘 브랜드 철학을 구축함으로써 높은 브랜드 충성도와 프리미엄 가격 정책을 유지**할 수 있었다. 실제로 포장 없이 비누 한 조각이 1만 원을 넘는 고가임에도 불구하고, 소비자들은 "**이 제품은 비싸지만 가치 있다.**", "내가 옳은 선택을 하고 있다."는 심리적 만족감을 얻는다.

궁극적으로 러쉬의 사례는 기업이 ESG를 마케팅 수단이 아닌 핵심 전략(Core Identity)으로 내면화하고 실천할 때, 소비자와 깊은 정서적 연결을 형성하고 시장에서 지속가능한 성공을 거둘 수 있음을 보여 주는 대표적인 예다.

국내에서도 **비건 인증 식품**이나 **재활용 포장재를 사용한 음료, ESG 인증을 받은 패션 브랜드** 등이 점차 늘어나고 있다. 커피전문점 브랜드 **이디야**는 '지속가능한 커피 생산'을 홍보하며 탄소배출 저감형 컵홀더를 도입했고, 친환경 의류 브랜드 페넥스(FENNEC)는 버려진 플라스틱을 재활용한 가방을 '업사이클링 럭셔리' 제품으로 포지셔닝하여 높은 가격대를 유지하고 있다. 이들은 모두 "우리는 착한 브랜드입니다."라는 메시지를 전달함으로써 소비자에게 '**더 높은 가격에도 불구하고 사야 하는 이유**'를 **제공**한다.

하지만 동시에, 이러한 마케팅이 **그린워싱으로 오해되거나 실제로 그렇게 작동할 위험성**도 존재한다. 일부 기업은 제품의 1~2개 요소만 비건 혹은 친환경으로 전환한 뒤, 전체 브랜드 이미지까지 '윤리적'인 것처럼 포장한다. 예컨대, 친환경 종이 빨대를 도입하면서도 여전히 플라스틱 컵과 뚜껑을 사용하는 카페, 혹은 식물성 원료를 강조하지만 정작 대량 생산과 과잉 포장을 유지하는 생활용품 브랜드 등이 그 예다.

결국, '가치 기반 소비'는 기업에게 강력한 기회이자 동시에 더 큰 책임을 부여하는 신호다. 소비자들은 더 똑똑해지고 있으며, 단순한 키워드나 이미지로는 더 이상 설득되지 않는다. **이제 브랜드가 살아남기 위해서는 '진짜 착한 척'이 아니라, '실제로 착한 행동'을 해야 하는 시대**다. 윤리와 지속가능성은 더 이상 선택사항이 아니라, 시장과 소비자가 부여한 '존재의 조건'이다.

내부 실천보다 외부 이미지에 집중하는 이유

　기업이 진정성 있게 친환경 경영을 실천하려면, 단순한 캠페인이나 슬로건 수준이 아니라 생산부터 폐기까지 전 과정에 걸친 근본적인 변화가 필요하다. 탄소배출을 줄이기 위해 공장의 에너지원을 화석연료에서 재생에너지로 전환하거나, 원자재를 친환경 인증 소재로 대체하고, 포장재를 생분해성 재질로 바꾸며, 공급망 전반의 노동 조건까지 점검하는 작업은 수년간의 투자와 구조적 전환, 조직 내부의 협업과 교육, 새로운 기술 도입을 필요로 한다. 이러한 '시스템 변화'는 막대한 비용과 시간, 그리고 내부의 변화 저항이라는 현실적 장벽과 맞닿아 있다.

　반면, 외부 이미지 관리, 즉 소비자와 투자자가 '친환경처럼 보이게' 만드는 일은 훨씬 간단하고 효율적이다. 제한된 예산과 인력으로도 보도자료, 광고 캠페인, SNS 콘텐츠, ESG 보고서 디자인을 통해 긍정적인 이미지를 빠르게 구축할 수 있으며, 단기적인 평판 개선이나 ESG 점수 관리에도 효과적이다. 즉, '진짜 바꾸는 것'보다 '바뀐 것처럼 보이게 하는 것'이 훨씬 쉽고 비용 대비 효과도 크다.

　예를 들어, 한 생활용품 기업은 제조 공장의 탄소 배출 저감 기술 도입에는 난색을 표하면서도, 제품 패키지에 나뭇잎 무늬를 넣고 '그린에디션'이라는 이름을 붙이는 데는 적극적이었다. 또 다른 유통기업은 물류센터의 에너지 효율 개선에는 소극적이면서, SNS에 '숲 조성 캠페인 참여 사진'을 정기적으로 게시하고, 기념품으로 재생지 쇼핑백을 배포하며 친환경 이미지를 강화했다. 이들 활동은 실제 환경 성과에는 제한적일 수 있으나, 기업의 ESG 보고서에는 주요 활동으로 강조되고, 언론에는 긍정적으로 인용되며 외부 이해관계자의 평가에 영향을 준다.

이러한 구조는 자연스럽게 기업을 '보이는 것'에 집중하도록 유도한다. 투자자, 소비자, 미디어가 요구하는 것은 대부분 가시적이고 측정 가능한 '성과'인데, 이 성과는 포장재 디자인 변경, ESG 보고서의 인증 획득, 한시적 기부 프로젝트 등의 단기성과(Short-term wins)로도 빠르게 연출이 가능하다. 반면, 제품 수명주기 전반에 걸친 탄소배출 감축이나 공급망의 인권 리스크 해소처럼 '진짜 변화'는 수년이 걸리고, 당장 보여 줄 수 있는 지표도 부족하다. 결국 이러한 구조적 인센티브는 기업으로 하여금 진정한 변화보다 '보여지는 변화'를 택하게 만든다.

문제는 이러한 전략이 반복되면, 그린워싱이 기업 내부에서 묵인되고 심지어 장려되는 문화로 자리잡을 수 있다는 점이다. ESG가 단순히 마케팅 부서의 업무로 분리되고, 실제 생산·구매·물류팀과는 단절된 채 움직이는 조직은 ESG를 '실천'하는 것이 아니라 '관리'하는 것으로 인식하게 된다. 이렇게 되면 ESG는 기업의 변화를 이끄는 동력이 아니라, 기업을 정당화하는 수단으로 기능하는 모순적 결과를 낳는다.

결국, ESG의 본질은 이미지가 아닌, 실질적 변화에 있다. 친환경은 눈에 띄지 않을 수 있지만, 탄탄한 구조와 데이터를 바탕으로 구축되는 성실한 실천만이 장기적으로 시장의 신뢰를 얻고 지속가능한 경쟁력을 확보할 수 있다. 그리고 이를 가능하게 만드는 핵심은 '보이기 위한 ESG'가 아니라, '기반을 바꾸는 ESG'에 대한 투자와 인식의 전환이다.

비판을 피하고 투자 유치를 원하는 기업의 딜레마

최근 몇 년 사이, 전 세계적으로 친환경과 ESG에 대한 관심은 폭발적으로 증가했다. 소비자는 '착한 기업'에 열광하고, 투자자는 ESG 등급이 우수한 기업에 자금을 몰아주며, 정부는 지속가능성 보고를 법제화하고 있다. 그런데 이와 동시에 기업에 대한 감시의 눈초리 또한 더욱 날카로워졌다. 어느 기업이든 ESG 관련 커뮤니케이션을 하면, 곧바로 "이건 진짜인가?", "또 그린워싱 아니야?"라는 의심이 따라붙는다.

예를 들어, 세계 최대 커피 브랜드 스타벅스는 '지속가능한 빨대'와 '친환경 컵 리드'를 도입했지만, 이에 대한 긍정적 보도만큼이나 "이건 소비자 안심용 마케팅에 불과하다.", "플라스틱 사용량은 여전히 줄지 않았다."는 비판도 동시에 받았다. 실제로 일부 소비자단체는 스타벅스의 ESG 활동이 "상징적 변화로 실질적 환경 개선과는 거리가 있다."고 평가했고, SNS에서는 '#Greenwashing' 해시태그가 확산되며 부정적 이미지가 오히려 강화되는 역효과가 발생했다.

이처럼 기업이 ESG 활동을 적극 알리면 "진짜냐?"는 의심을 받기 쉽고, 반대로 조용히 실천하면 "왜 숨기냐?"는 비판을 받기 쉽다. 바로 이 지점에서 '그린허싱(Greenhushing)'이라는 새로운 현상이 나타난다. 그린허싱이란 기업이 실제로 ESG 활동을 하고 있음에도 불구하고, 비난을 피하거나 논란을 막기 위해 외부에 알리는 것을 꺼리는 전략을 말한다.

대표적인 그린허싱 사례로 종종 언급되는 것이 유럽의 한 중견 석유화학 기업이다. 이 기업은 유럽연합의 탄소중립 정책에 발맞춰 2020년부터 이산화탄소 포집 및 저장(CCS: Carbon Capture and Storage) 기술을 선제적으로 도입했고, 동시에 전체 생산 공정 중 약 40%를 재생에너지 기반 전력으로 전환하는 성과를 올렸다. 또 공급망 평가 시스템을 구축해 협력업체의 환경 기준을 점검하는 프로세스도 마련했다. 외부 기준으로만 보면, ESG 분야에서 모범적인 사례로 평가받기에 충분한 수준이었다.

그러나 이상하게도 이 기업은 이러한 활동을 ESG 보고서나 공식 보도자료에서 거의 언급하지 않았다. 보고서에는 단편적인 "환경개선 노력"이라는 표현만 담겼고, 정량적 수치나 사례는 누락되었다. 심지어 공식 웹사이트의 지속가능성 페이지에도 관련 내용은 찾아보기 어려웠다. 이유는 놀랍게도 '과도한 비판에 대한 두려움' 때문이었다. 내부 인터뷰에 따르면, 경영진은 "아직 완벽하지 않은 상황에서 우리 노력을 공개하면, 오히려 '위선적이다.', '진짜 친환경 기업이 아니다.'라는 비난에 직면할까 우려했다."고 밝혔다. 즉, 자신들의 ESG 활동이 불완전한 상태에서 드러나는 순간, 성과보다는 부족함만 조명될 수 있다는 방어 심리가 작용한 것이다.

실제로 이 기업은 2019년에 발표한 '2030 탄소 감축 로드맵'에 대해 일부 시민단체로부터 "산업 전체 책임에 비해 너무 미온적"이라는 비판을 받은 적이 있었고, 이후 외부 커뮤니케이션에 대한 내부 분위기는 눈에 띄게 위축되었다. 그 결과, ESG 실천은 지속되었지만, 그 실천이 외부에 공유되지 않는 '침묵의 전략', 즉 그린허싱(Greenhushing)으로 이어졌다.

이러한 사례는 단지 한 기업의 소극적 전략에 그치지 않는다. ESG 생태계 전체의 투명성과 학습 가능성을 약화시키는 구조적 문제로 연결된다. 만약 모든 기업이 "완벽하지 않으면 말하지 말자."는 태도를 취한다면, 사회는 진정성 있는 ESG 성과를 학습할 기회를 잃고, 지속가능한 경영이 무엇인지 모호해진다. '잘하고 있음'을 공유하지 않으면, '잘하는 방법'을 서로 배우기도 어렵다. 또한 이는 시장에서도 손실로 이어진다. 투자자들은 환경·사회 리스크가 적절히 관리되고 있는지를 확인할 수 없고, 사회 전체는 '그린워싱은 비난받고, 그린허싱은 묻힌다.'는 비합리적 정보 생태계 속에서 ESG에 대한 피로감과 회의감을 갖게 된다.

결국 이 사례는 ESG 시대에 기업이 마주한 새로운 딜레마를 보여준다. 말하면 공격받고, 말하지 않으면 외면당하는 환경 속에서, 기업은 '어떻게 말할 것인가?'를 두고 전략적 침묵을 선택하게 되는 것이다. 진짜 변화를 위한 실천조차 조심스럽게 다듬고, 타이밍을 재는 상황. 이것이 바로 우리가 오늘날 ESG 커뮤니케이션 구조를 다시 고민해야 하는 이유다.

그러나 외부 이미지 관리가 전혀 없는 상태에서도 기업이 살아남긴 어렵다. 기관 투자자들은 ESG 데이터가 부족하거나 비공개인 기업에 대해 "리스크 관리 역량이 떨어진다.", "정보 비대칭이 크다."며 투자를 꺼리기 때문이다. 결국 기업은 '말을 해도 욕먹고, 안 해도 손해보는' 딜레마에 빠지게 된다. 이 딜레마 속에서 많은 기업은 최소 '그린 척'이라도 해야만 하는 구조적 압박을 받는다.

마치며: 모두가 만든 '그린워싱의 구조'

기업이 '그린 척'이라도 해야 하는 이유는 단지 탐욕이나 위선 때문만은 아니다. 그 배경에는 사회 전체가 만든 구조, 규제의 설계, 투자자의 기대, 그리고 소비자의 태도가 복합적으로 얽혀 있다. 기업은 생존을 위해 ESG를 말하고, 소비자는 더 나은 세상을 원한다고 하면서도 즉각적인 결과와 확실한 증거만을 원한다. 이 간극에서 기업은 때로는 진심을 감추고, 때로는 과장을 하며, 때로는 조용히 물러선다.

그렇기 때문에 우리는 기업만을 탓할 것이 아니라, 이 구조 속에서 우리 모두가 어떤 역할을 해야 하는지를 함께 고민해야 한다. 소비자는 한쪽으로는 친환경을 외치면서도 반대쪽에서는 가격, 편의성, 속도를 기준으로 구매 결정을 내리는 이중적 태도를 돌아봐야 한다. 투자자는 단기 수익과 장기 지속가능성 사이에서 균형을 잡을 수 있어야 하고, 정부는 단순한 의무공시가 아닌 질적 실천을 유도할 수 있는 정책 설계를 고민해야 한다.

이제 친환경은 선택이 아니라 생존의 조건이 되었다. 문제는 그 조건을 '어떻게 진정성 있게 충족할 것인가?'에 있다. 이 책이 계속해서 묻고자 하는 것도 바로 이 지점이다.

우리가 진짜로 원하는 변화는 무엇인가?

그린워싱을 넘어서기 위한 실천은 어디서부터 가능한가?

그 답은 어느 한곳에 있지 않다. 그것은 기업, 소비자, 사회 모두가 진짜 ESG를 다시 상상하고, 함께 실천해 나갈 수 있을 때 비로소 현실이 된다.

3장
그린워싱, 분야별 실전 사례 분석

음식 – '플라스틱 코팅된 친환경 포장'의 역설

'친환경 포장'은 외식업계에서 가장 흔하게 등장하는 ESG 키워드 중 하나다. 배달·포장 문화가 일상화되면서 기업들은 앞다투어 "종이 용기 사용", "PLA 소재 전환", "생분해성 포장재 도입" 등의 친환경 메시지를 강조하고 있다. 소비자 역시 매장에서 "우리는 플라스틱을 줄입니다.", "지구를 생각하는 포장" 같은 문구를 보면 긍정적인 인상을 갖게 된다.

하지만 이른바 '착한 포장재'의 실체를 들여다보면, 그린워싱에 가까운 요소들이 적지 않다.

대표적인 사례가 바로 '종이 용기에 코팅된 플라스틱 필름'이다. 많은 커피 전문점과 배달 음식 브랜드는 플라스틱 용기 대신 종이 용기를 사용한다고 강조하지만, 이 종이 용기에는 일반적으로 내용물이 스며들지 않도록 하는 코팅막이 덧입혀져 있다. 문제는 이 코팅이 대부분 폴리에틸렌(PE) 혹은 폴리프로필렌(PP) 같은 비분리형 플라스틱 재질이라는 점이다. 즉, 종이와 분리되지 않는 구조로 되어 있어, 재활용 공정에서는 종이로도, 플라스틱으로도 분류되지 못하고 결국 '혼합 폐기물' 또는 '일반 쓰레기'로 분류되는 경우가 많다.

예를 들어, 국내 유명 커피 프랜차이즈 A사는 종이 포장재 도입을 앞세워 친환경 캠페인을 벌였지만, 실제 용기의 바닥과 안쪽 면에는 방수용

PE 코팅이 적용되어 있어 국내 재활용 설비로는 처리가 어렵고 대부분 소각 처리되고 있는 것으로 밝혀졌다. 이 사실이 알려지면서 소비자 커뮤니티에서는 "그럴 거면 차라리 재활용 쉬운 플라스틱이 낫겠다."는 반응이 나올 정도였다.

또 다른 문제는 생분해성 소재의 오해다. 외식업체들이 사용하는 PLA(폴리락트산) 소재는 옥수수 전분 기반의 생분해성 플라스틱으로, "100% 생분해", "자연으로 돌아간다."는 문구와 함께 자주 소개된다. 하지만 이 소재는 실제로는 특정 조건(고온·고습·산소 공급)이 갖춰진 산업용 퇴비화 설비에서만 분해되며, 일반 매립지나 가정 쓰레기 분리배출로는 제대로 처리되지 않는다. 더욱이 국내에는 이러한 산업 퇴비화 인프라가 거의 없어, PLA 용기도 결국 일반 쓰레기로 분류되어 소각 처리되는 경우가 대다수다.

즉, 기업은 "PLA 사용"이라는 문구만으로 친환경 이미지를 얻지만, 실제 환경에 미치는 영향은 미미하거나 오히려 이중적으로 더 많은 폐기물을 발생시킬 수 있다. 소비자 역시 "나는 친환경 포장을 선택했다."는 착한 소비의 만족감을 얻지만, 실질적인 환경 기여는 기대와 다를 수 있다.

결국 이는 '보여 주기식 친환경'이 소비자 착각을 부추기고, 기업의 ESG 신뢰도를 떨어뜨리는 구조적 문제로 이어진다. 이런 상황에서 정말 필요한 것은 단지 포장재의 전환이 아니라, 전 생애주기(Lifecycle Assessment)를 고려한 포장 전략과, 소비자에게 정확한 정보 전달을 병행하는 정직한 커뮤니케이션이다.

패션 – '지속가능한 컬렉션'의 허상과 현실

패션 업계는 최근 몇 년 사이 '지속가능성'을 브랜드 정체성의 핵심 요소로 삼고 있다. 특히 환경과 윤리에 민감한 MZ세대를 겨냥해, 수많은 글로벌 브랜드들이 '그린 컬렉션(Green Collection)' 또는 '지속가능한 라인(Sustainable Line)'이라는 이름의 제품군을 앞다투어 출시하고 있다. 이들 제품에는 재활용 원단(Recycled polyester), 유기농 면화(Organic cotton), 동물복지 인증(Welfare-certified wool or leather)을 받은 소재 등이 사용되며, 친환경 패키지와 함께 고급스럽게 마케팅된다.

하지만 문제는 이러한 지속가능한 제품들이 대부분 전체 생산량의 극히 일부분에 불과하다는 점이다. 예컨대, 글로벌 패스트 패션 브랜드 H&M은 'Conscious Collection'이라는 지속가능한 라인을 출시하며 "지속가능한 미래를 위한 작은 변화"를 강조했지만, 그 라인이 전체 지속가능한 라인의 5%도 채 되지 않았다는 비판을 받은 바 있다. 나머지 95% 이상의 제품은 여전히 대량 생산-저가 판매-단기 소비-폐기로 이어지는 전형적인 패스트 패션 구조를 따르고 있었던 것이다.

또한, 이러한 그린 컬렉션이 단지 '상징적 선언'에 그치는 경우도 많다. 예를 들어, 브랜드가 유기농 면 티셔츠를 판매하면서 "지속가능성 실현"을 외치지만, 해당 제품을 만드는 공장에서는 여전히 물 낭비가 심한 염색 공정, 노동 착취 우려가 있는 저임금 국가 아웃소싱, 고탄소 운송 구조가 유지되고 있는 경우가 많다. 제품 한 벌만 친환경적이라고 해서, 그 기업 전체가 지속가능하다고 보기는 어렵다.

더 나아가, 이런 컬렉션이 실제 ESG 전략과 통합되어 운영되지 않는 경우, 그것은 단지 브랜드 평판을 위한 이미지 관리용 그린워싱에 지나지 않는다. 예를 들어, 글로벌 브랜드 Zara는 'Join Life'라는 지속가능 라인을 운영하고 있지만, 정작 매주 수십 종의 신제품을 출시하는 초고속 트렌드 생산 모델을 유지하고 있다. 이는 '지속가능성'과는 본질적으로 모순되는 구조다. 아무리 친환경 소재를 쓴다 하더라도, 과잉 생산과 과잉 소비를 전제로 하는 모델이라면 환경에 긍정적인 영향을 기대하긴 어렵다.

또한, 소비자의 입장에서 혼란을 주는 점도 문제다. 예컨대, '재활용 소재 사용'이라는 문구가 붙은 재킷이 실제로는 10%만 재활용 폴리에스터를 포함하고, 나머지 90%는 기존 섬유일 수 있다. 그러나 기업은 이 제품을 '친환경 제품'으로 마케팅할 수 있으며, 소비자는 오해한 채 '착한 소비'를 했다고 생각한다. 이는 정보 비대칭과 소비자 기만이라는 측면에서 그린워싱에 해당할 수 있다.

결국 지속가능한 컬렉션이 진정성을 가지려면, 단지 일부 제품의 소재만 바꾸는 것을 넘어 생산·운영·유통·회수·재활용에 이르는 전 과정의 ESG 전략과 통합되어야 한다. 예컨대, 제품 수명 연장을 위한 수선 서비스 제공, 소비자 반납을 통한 리사이클 시스템 구축, 전력 효율화된 생산 시스템 등과 함께 가야 진짜 지속가능성을 실현할 수 있다.

IT - '종이 없는 사무실'과 '탄소중립 서버'의 이면

디지털 산업은 일반적으로 제조업보다 환경 영향을 덜 미치는 산업으로 인식된다. 문서 출력이 줄고, 온라인 회의와 클라우드 저장이 늘면서 "종이 없는 사무실", "탄소중립 클라우드", "디지털 전환 = 친환경"이라는 인식이 확산되었다. 주요 빅테크 기업들도 이를 활용해 'IT = 친환경 산업'이라는 서사를 적극적으로 구축하고 있다.

예를 들어, 구글, 마이크로소프트, 아마존 등은 모두 '100% 재생에너지 전환', '탄소중립 달성', '친환경 데이터 센터'를 선언하며 ESG 이미지 강화에 나섰다. 하지만 이 선언의 실체를 살펴보면 상당 부분은 탄소배출권 구매(Credit)나 상쇄(Offset)[5] 방식에 의존하고 있음을 알 수 있다.

실제로 구글은 2007년에 '탄소중립'을 달성했다고 발표했지만, 이 수치는 직접적인 배출(Scope 1, 2)이 아닌 간접 배출(Scope 3 포함)을 제외하

---

5) 탄소배출권 구매(credit)와 상쇄(offset)는 기업이 온실가스 배출 감축 목표를 달성하기 위해 활용하는 대표적인 외부 수단이다. 탄소배출권 구매는 다른 기업이나 국가로부터 남은 배출 허용량(배출권)을 시장에서 구매하는 방식으로, 직접 감축이 어려운 경우에 사용된다. 반면 탄소상쇄는 기업이 자체 배출량을 줄이지 않더라도, 다른 곳에서의 감축 활동(예: 산림조성, 재생에너지 프로젝트 등)에 투자함으로써 배출량을 '상쇄'하는 개념이다. 두 방식 모두 기후변화 대응에 기여할 수 있지만, 실효성과 추가성(additionality) 확보를 위한 검증과 투명성이 중요하게 요구된다.

거나, 외부 프로젝트 투자(예: 산림 보호, 탄소 흡수 사업)에 의한 오프셋을 포함한 계산 방식을 기반으로 하고 있었다. 즉, 자체 시스템의 구조적 감축보다는 '숫자 맞추기' 방식의 ESG 경영이라는 비판이 제기되었다.

또한, 클라우드 산업의 심장이라 할 수 있는 데이터 센터(Data Center)는 막대한 전력을 소모하는 고밀도 시설이다. IDC(International Data Corporation)에 따르면, 전 세계 데이터 센터가 소비하는 전력량은 이미 전체 글로벌 전력 소비의 약 2~3% 수준이며, 이는 전 세계 항공 산업의 탄소 배출량과 유사한 수준이다. 특히 서버 냉각을 위한 대규모 에어컨 전력, 24시간 운영을 위한 전력 이중화 설비는 데이터 센터의 핵심 탄소배출원이다.

예컨대, 아일랜드는 구글·아마존 등 빅테크 기업의 데이터 센터 유치가 급증하면서 국가 전력망의 18% 이상을 데이터 센터가 사용하는 수준에 이르렀고, 이로 인해 신재생에너지 비율을 높이려는 국가 계획이 차질을 빚기도 했다. 이처럼 디지털의 친환경성은 절대적인 것이 아니며, 데이터 사용량 증가와 함께 그 환경 발자국도 커지고 있다.

더 나아가 IT 기기의 교체 주기가 짧아지면서 폐기되는 전자기기의 문제도 심각하다. 전 세계적으로 매년 5천만 톤 이상의 전자 폐기물이 발생하고 있으나, 그중 단 17%만이 공식적으로 재활용되고 있으며, 나머지는 대부분 비공식 폐기 또는 개발도상국으로 수출 후 방치되고 있다.

자동차 – 전기차는 정말 '탄소중립'인가?

전기차(EV)는 전통적으로 내연기관차보다 친환경적이라는 이미지가 강하다. 탄소배출 없는 주행, 저소음, 정부 보조금 등은 전기차를 '미래형 지속가능 교통수단'으로 포지셔닝해 왔다. 자동차 제조사들은 "2030년까지 전기차 전환", "탄소중립 공장 운영" 등을 대대적으로 선언하며 ESG 브랜드 이미지를 강화하고 있다.

하지만 이와 같은 메시지에는 여전히 간과되거나 의도적으로 감춰진 한계가 존재한다.

우선, 전기차는 생산 단계에서 내연기관차보다 더 많은 탄소를 배출한다. 특히 배터리 생산 과정에서의 환경 부담이 크다. 전기차 배터리의 핵심 원료인 리튬, 코발트, 니켈은 대부분 남미, 아프리카, 중국에서 채굴되며, 채굴 과정에서의 수자원 고갈, 생태계 파괴, 토양 오염 문제가 지속적으로 제기되고 있다.

대표적으로, 남미의 '리튬 삼각지대'(칠레-볼리비아-아르헨티나 접경 지역)에서는 리튬 추출 과정에서 막대한 양의 지하수가 증발되며, 원주민의 생활 환경이 위협받고 있다. 아프리카 콩고에서는 아동 노동에 의존한 코발트 채굴 문제가 국제 NGO에 의해 지속적으로 폭로되기도 했다.

또한, 전기차가 친환경적일 수 있는 전제 조건은 전력을 생산하는 에너지 믹스가 신재생 기반이어야 한다는 점이다. 하지만 많은 국가에서는 여전히 전력의 상당 부분이 석탄·천연가스 등 화석연료 기반이다. 이런 상황에서 전기차가 충전할 때 사용하는 전력 자체가 탄소배출을 수반한다면, 실제 운행 중에도 간접 배출이 발생하게 된다.

마지막으로, 폐배터리 처리 문제도 아직 해결되지 않은 ESG 리스크다. 배터리는 수명이 다한 후에도 환경에 유해한 중금속과 화학물질을 포함하고 있으며, 현재로서는 효율적인 재활용 시스템과 순환경제 인프라가 부족하다. 일부 기업은 리사이클 공정이나 '배터리 2차 사용'(ESS 전환)[6]을 실험하고 있으나, 산업 차원에서 체계적으로 적용되기에는 아직 갈 길이 멀다.

그럼에도 불구하고 자동차 브랜드들은 '탄소중립 모빌리티', '제로에미션'이라는 슬로건을 전면에 내세우며, 전기차 마케팅을 적극적으로 펼치고 있다. 이는 소비자에게 "이 차를 사면 지구를 살리는 데 기여하는 것"이라는 인식을 심어주지만, 전체 생애주기 평가(LCA)를 기준으로 보면 그 친환경성은 여전히 상대적이고 불완전하다.

---

6) ESS(Energy Storage System, 에너지 저장 시스템) 전환은 기존의 전력 소비 구조에서 벗어나, **전력을 저장하고 필요할 때 사용하는 방식으로 에너지 효율성과 안정성을 높이는 변화**를 뜻한다. ESS는 주로 배터리(리튬이온 등)를 활용해 태양광, 풍력 등 재생에너지의 간헐적 생산 문제를 해결하고, 전력 피크 시간대 부담을 줄이는 데 기여한다. 기업들은 ESS를 통해 전력 비용을 절감하거나, 탄소배출 감축 효과를 얻을 수 있어 ESG 전략의 일환으로 적극 도입 중이다. 특히 친환경 전환이 가속화되면서, ESS는 미래 에너지 인프라의 핵심 요소로 부상하고 있다.

금융 - "지속가능한 투자 상품"... 진짜일까?

최근 몇 년 사이, ESG 투자가 전 세계 금융시장의 핵심 트렌드로 부상하면서 국내외 금융기관들도 앞다투어 "친환경 ETF", "탄소중립 펀드", "ESG 채권" 등의 금융상품을 출시하고 있다. 투자자들은 '착한 돈'이 사회와 환경에 긍정적인 영향을 미친다는 기대를 갖고 이런 상품을 선택하지만, 실제로 이들 상품이 과연 ESG 원칙을 얼마나 충실히 반영하고 있는지는 의문이 제기되고 있다.

예를 들어, 한 국내 대형 자산운용사는 "2050 탄소중립을 위한 친환경 펀드"라는 이름의 상품을 내놓고, 녹색 이미지와 함께 대대적인 마케팅을 벌였다. 상품 소개서에는 "재생에너지, 친환경 인프라, 전기차 중심의 포트폴리오 구성"이라는 설명이 붙었고, 운용 전략에도 "기후 리스크를 줄이는 지속가능한 기업에 투자"라는 문구가 명시되어 있었다. 그러나 실제 투자 내역을 살펴보면 상위 10개 종목 중 절반 이상이 전통적인 정유회사, 시멘트 제조업체, 항공사 등 탄소 배출량이 높은 산업군에 속한 기업이었다. 심지어 일부는 ESG 평가기관에서 'High Risk' 등급을 받은 기업도 포함되어 있었다.

해당 자산운용사는 이에 대해 "전환 가능성을 고려한 전략적 투자"라고 설명했다. 즉, 지금은 탄소 배출이 많지만, 앞으로 친환경 기술로 전환할

잠재력이 있기 때문에 선제적으로 투자한다는 의미였다. 하지만 문제는 이러한 설명이 정량적 근거 없이 매우 모호하며, 해당 기업들의 실제 감축 계획이나 실적이 검증되지 않은 상태였다는 점이다. 투자자는 '탄소중립'이라는 타이틀만 보고 상품을 선택했지만, 실제로는 전통적 고탄소 산업에 자금이 유입되고 있었다.

이러한 사례는 금융 분야에서 ESG 개념이 마케팅 수단으로 전락할 수 있다는 위험을 단적으로 보여 준다. ESG 관련 용어를 상품명에 붙이는 것만으로 수수료를 더 받을 수 있고, 투자자 유입도 용이하다는 현실 속에서, 일부 운용사는 내부 평가 체계 없이 외형만 ESG처럼 보이게 만드는 '눈속임' 전략을 택하고 있다.

더 큰 문제는, 현재까지는 이와 같은 상품에 대한 규제나 검증 체계가 미흡하다는 점이다. ESG 상품이라는 이유만으로 실제 구성 종목이나 운용 전략에 대한 정밀한 분석 없이 판매되는 경우가 많고, 투자자 역시 이에 대한 정보를 제대로 제공받지 못하는 경우가 허다하다. 금융 그린워싱은 한 기업의 이미지 문제가 아니라, 투자 흐름 자체를 왜곡시킬 수 있다는 점에서 훨씬 심각한 결과를 초래할 수 있다.

관광 - "에코 투어", "그린 리조트"는 어디까지 진짜?

최근 관광업계에서도 ESG 바람이 불고 있다. 많은 여행사와 리조트, 호텔들은 '에코투어리즘', '그린 리조트', '탄소중립 패키지'와 같은 문구를 앞세워 친환경 이미지를 강조하며, 지속가능한 여행이 가능하다는 메시지를 내세우고 있다.

하지만 실제 운영 실태를 들여다보면, 그린워싱에 가까운 사례들이 적지 않다.

대표적인 예는 한 해외 유명 리조트의 사례다. 이 리조트는 플라스틱 빨대와 생수병을 없앴다는 이유만으로 '그린 리조트'라는 타이틀을 내걸고 마케팅을 대대적으로 진행했다. 웹사이트와 SNS에는 "지속가능한 낙원", "자연과 조화를 이루는 휴식처"라는 문구가 등장했고, 자연 속 수영장과 유기농 식사 사진이 반복적으로 노출되었다.

그러나 실제로 해당 리조트는 습지 생태계 보전 지역 위에 조성된 인공 구조물이었고, 전체 전력의 90% 이상이 디젤 기반의 화석연료 발전기에서 공급되고 있었다. 게다가 리조트에서 처리한 폐수가 열대우림 인근 하천으로 유입되어, 현지 생태계에 악영향을 미친다는 환경 보고서가 지역 NGO에 의해 제기되기도 했다.

겉보기엔 친환경이지만, 실제로는 자연을 '배경'으로 활용할 뿐, 환경을 보호하거나 복원하려는 실질적인 노력은 부족했던 셈이다.

국내에서도 비슷한 사례가 있다. 한 여행사는 "에코투어"라는 이름으로 숲속 힐링 체험 상품을 출시했다. 이 프로그램은 참가자들에게 제로웨이스트 키트를 제공하고, 산림에서 '마음챙김 산책'을 함께하며 일회용품을 줄이는 취지로 구성됐다.

하지만 이 프로그램은 기존의 체험관광 프로그램에서 일부 구성만 바뀌었을 뿐, 지역 환경 보호나 생태계 회복을 위한 활동은 전혀 포함되지 않았다. 참가자들이 지역 생태에 대해 배우거나 기여할 수 있는 구조도 없었고, 관광지 접근 자체도 여전히 승용차 중심이었다.

이처럼 관광업계의 일부 ESG 전략은, 소비자에게 '착한 여행'의 이미지를 심어 주기 위한 포장에 머무르는 경우가 많다. 실제로는 기존 운영 방식이나 인프라는 거의 바뀌지 않은 채, '친환경'이라는 이름만 붙여서 프리미엄 가격을 받거나 브랜드 이미지를 높이려는 전략이 흔히 활용된다.

자연을 소비의 대상화로 활용하면서, 지속가능성이라는 이름만 빌려오는 것은 ESG의 본질을 훼손한다. 환경 이미지를 전면에 내세우면서 실제 운영은 기존 방식 그대로인 경우, 이는 관광 분야의 대표적인 그린워싱이다. 오히려 이러한 접근은 관광지 생태계에 부담을 증가시키고, 소비자로 하여금 '착한 소비를 했다.'는 착각에 머무르게 만든다.

생활용품 - "식물성 세제", "에코 클리너"… 이름만 착하다?

ESG 바람은 이제 우리 일상의 구석구석까지 스며들고 있다. 그 중에서도 가장 빠르게 '착한 이미지'를 입힌 분야 중 하나가 바로 생활용품 시장이다.

주방세제, 세탁세제, 섬유유연제, 화장지, 탈취제 같은 제품들이 '식물성 원료', '에코 클리너', '지구를 위한 선택'이라는 문구를 달고 마치 환경과 가족 모두를 배려하는 완벽한 솔루션처럼 등장한다.

광고에서는 초록색 포장, 싱그러운 나뭇잎, 흐르는 계곡물, 웃는 아이, 반려동물까지 등장한다. BGM은 자연의 소리처럼 잔잔하고, 문구는 이렇게 속삭인다.

"당신의 선택이 지구를 바꿉니다."
"아이와 지구를 위한 식물성 세제."
"자연으로 돌아가는 안전함."

하지만 우리는 익숙해진 이 광고 언어를 잠시 멈추고, 성분표 뒷면을 조용히 들여다볼 필요가 있다.

한 대형 생활용품 브랜드는 '식물 유래 세정성분 100%'를 앞세운 주방세제를 출시하며, '에코 브랜드'로 강하게 포지셔닝했다. 출시 초기부터 "아이를 키우는 엄마들 사이에서 입소문 난 친환경 제품"이라는 블로

그·유튜브 마케팅이 집중되었고, "플라스틱 없는 주방", "제로웨이스트 키트 구성"을 통해 프리미엄 이미지까지 갖췄다.

하지만 식품의약품안전처 고시 기준에 따라 해당 제품의 성분을 분석해 보면, 실제로 전체 성분 중 식물 유래 성분은 단 6.3%에 불과했다. 나머지는 모두 기존 합성세제와 동일한 합성계면활성제, 석유계 용제, 보존제, 인공 향료 등으로 구성돼 있었다. 게다가 '100% 식물 유래'라는 문구는 해당 성분(주계면활성제) 하나에만 적용된 것이며, 전체 제품의 친환경성과는 무관했다.

이 제품의 용기도 문제였다. 겉포장에는 '재활용 가능한 용기'라고 적혀 있었지만, 실제로는 비닐 라벨이 부착된 복합 플라스틱(PET+PP) 구조로, 한국의 현행 재활용 시스템에서는 분리배출이 어렵고 재활용률도 낮은 유형에 해당했다.

심지어, 제품 전면에 붙은 '에코 인증 마크'는 국제인증도, 공신력 있는 국내 인증도 아니었다. 해당 기업이 자체 제작한 브랜드 로고에 가까웠으며, 인증 기준이나 평가 주체, 심사 절차는 명시되지 않았다.

소비자의 선한 의도를 이용하는 구조

 이런 사례는 단순히 과장된 마케팅을 넘어, '착하게 살고 싶다.'는 소비자의 선한 의지를 마케팅 도구로 활용한 전형적인 그린워싱이다.
 소비자는 가족의 건강과 환경을 고려해 친환경 제품을 찾는다. 특히 육아, 반려동물, 알레르기 등 건강에 민감한 소비층일수록 에코·클린·비건 등의 문구에 끌리기 쉽다.
 기업들은 이를 잘 알고 있다. 그래서 실제로는 기존 제품과 별 차이 없는 성분에 색상, 라벨, 광고 언어만 '녹색'으로 포장해 고가의 프리미엄 제품으로 포지셔닝한다.
 일반 소비자는 식물성이라면 무조건 천연, 재활용 표시가 있으면 환경에 도움이 된다, 에코마크가 붙었으면 인증받은 제품이다라고 생각하지만, 그 생각이 제도적 근거나 투명한 정보 없이 기업이 설계한 '이미지'일 가능성을 항상 염두에 두어야 한다.
 부분적 친환경 요소를 전체 제품의 친환경성처럼 포장하는 것,
 재활용이 어려운 구조를 두고도 '친환경 용기'라고 부르는 것,
 공신력 없는 자체 로고를 '인증'처럼 보여 주는 것,
 이 모든 것은 소비자에게 진정한 정보를 주기보다 마케팅을 위한 이미지 조작에 가까운 행위다.

생활용품 분야의 그린워싱은 다른 분야보다 생활 밀착적이기 때문에 더 위험하다.

소비자는 '내가 착한 소비를 했구나'라고 믿게 되지만, 그 선택이 실제로 지구에도, 건강에도, 구조적으로 도움이 되는지에 대해 검증할 수단은 부족하다. 이제는 소비자가 성분표를 읽고, 용기 구조를 살피며, 마크의 출처를 검색하는 능동적 소비자가 되어야 한다. 그럴 때 비로소 기업들도 단순 포장 이상의 실질적인 변화를 고민하게 될 것이다.

마치며

IT 산업과 자동차 산업 모두 '보여지는 ESG'에 강한 유혹을 느끼는 산업이다. 이들은 상징적인 변화를 빠르게 내세울 수 있고, 소비자와 투자자의 관심을 끌기 좋은 구조를 갖고 있다. 그러나 실질적인 감축과 구조적 변화는 훨씬 복잡하고 시간이 오래 걸리며, 비용이 많이 드는 작업이다.

따라서 우리는 기업의 ESG 메시지를 마주할 때, "무엇을 말하고 있는가?"뿐 아니라 "무엇을 말하지 않고 있는가?", 그리고 "그 말이 실제와 얼마나 일치하는가?"를 함께 따져 보는 비판적 독해의 시선을 가져야 한다. 그래야만 우리는 '착한 척'을 넘어 '진짜 좋은 변화'를 요구할 수 있다.

4장

진짜 ESG는
다르다

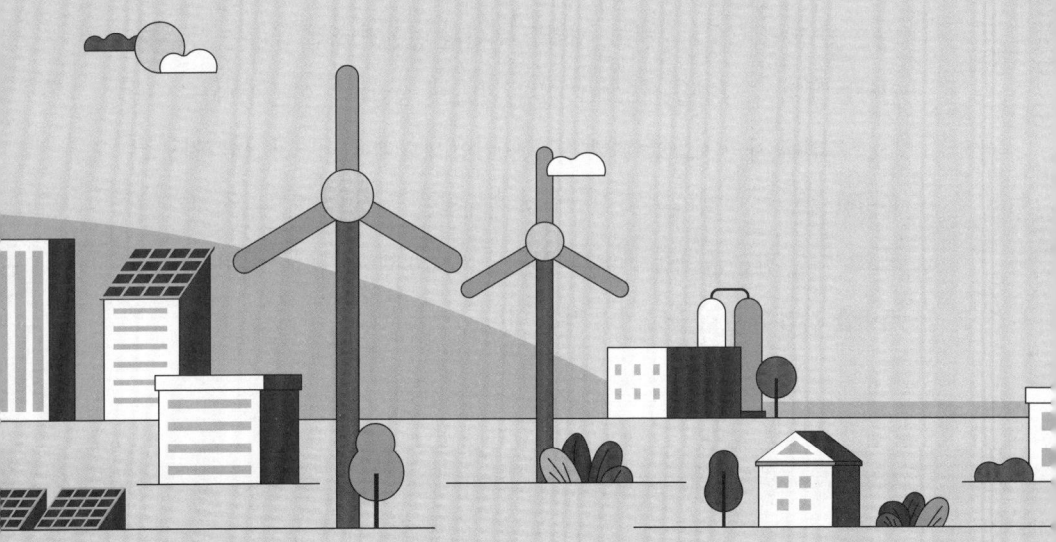

파타고니아 - 말보다 행동, '그린워싱'이 아닌 '그린액션'의 전형

의류 산업은 전통적으로 환경 파괴적 산업 중 하나로 꼽힌다. 섬유 생산 과정에서의 수자원 낭비, 염색 공정에서 나오는 독성 폐수, 대량 생산·소비로 인한 자원 낭비, 그리고 폐의류 문제까지. 이 산업에서 지속가능성을 이야기하는 것이 자칫 그린워싱으로 이어지기 쉬운 구조라는 점에서, 파타고니아(Patagonia)의 행보는 단연 돋보인다.

파타고니아(Patagonia)는 미국의 아웃도어 의류 브랜드로, **환경 보호와 사회적 책임을 기업 운영의 핵심 가치로 삼는 대표적인 윤리경영 기업**이다. 1973년 설립된 이 회사는 제품의 내구성과 수선 가능성을 강조하며 '필요 이상 만들지 않는다'는 철학을 고수해왔다. 파타고니아는 매출의 1%를 환경 단체에 기부하고, 재활용 원단과 친환경 생산 공정을 적극 도입하는 등 ESG 경영을 선도하고 있다. 2022년 창립자인 이본 쉬나드는 회사 소유권을 자연 보호를 위한 신탁과 비영리 단체에 이전하면서 "지구를 유일한 주주로 삼겠다."고 선언해 전 세계적인 주목을 받았다. 이처럼 파타고니아는 단순한 제품 판매를 넘어, 소비자와 함께 가치를 실현하는 **'액티비즘 기업'의 상징**으로 자리 잡고 있다.

철학부터 다르다 - "이 재킷을 사지 마세요."

2011년, 미국의 블랙프라이데이(연중 최대 쇼핑 시즌)에 파타고니아가 뉴욕타임즈 1면에 게재한 전면광고는 단순한 마케팅을 넘어 소비문화에 대한 철학적 선언이었다. 그 광고에는 파타고니아의 인기 재킷 사진과 함께 "Don't buy this jacket.(이 재킷을 사지 마세요.)"라는 문구가 적혀 있었다. 그 메시지는 충격적이었다. "필요하지 않다면 사지 마라. 수선을 하고, 더 오래 입고, 다시 사용하라."는 역발상 광고는 기업이 더 많이 팔기보다는 덜 소비하도록 권유한 첫 사례로, 글로벌한 반향을 일으켰다. 이는 단지 기업의 정체성을 홍보하는 것을 넘어, 소비문화와 자원 순환에 대한 근본적인 질문을 던진 ESG 행동주의 선언이었다.

말뿐이 아닌 시스템 - Worn Wear와 지속가능한 가치사슬

광고는 일회성이었지만, 파타고니아는 이를 실제 행동으로 옮겼다. 'Worn Wear(입던 옷 다시 입기)' 프로그램은 대표적인 실천 사례다. 소비자가 입던 파타고니아 제품을 매장에 가져오면 수선 서비스를 제공하거나, 재판매를 위한 리퍼브 제품으로 전환한다. 일부 매장에는 이동식 수선 트럭까지 배치되며, 이는 단지 제품 A/S 차원이 아닌 자원 순환을 실현하는 순환경제적 접근이다.

또한 파타고니아는 의류 전 생애주기(Lifecycle)를 고려한 가치사슬을 구축하고 있다.

- 원재료: 유기농 면화, 재활용 나일론·폴리에스터 등 지속가능 소재 사용
- 생산과정: 공정무역 인증 공장과 협력, 노동자 권익 보호
- 유통: 친환경 포장 및 탄소 저감형 물류 시스템
- 사용 후: 제품 수명 연장, 리사이클 및 업사이클 활성화

이처럼 파타고니아는 단순한 제품 중심 ESG를 넘어서, 시스템 중심의 ESG 전략을 실천하고 있으며, 이는 진정성 있는 친환경 경영의 기준점으로 평가받는다.

ESG를 넘은 철학 – '기업은 지구를 위해 존재해야 한다.'

파타고니아의 가장 결정적인 전환점은 2022년이었다. 창립자인 이본 쉬나드는 자신과 가족이 보유하고 있던 회사 지분 100%를 '지구를 위한 트러스트(Patagonia Purpose Trust)'와 '환경 비영리 재단(Holdfast Collective)'에 기부한다고 선언했다. 그 목적은 명확했다.

"지구가 유일한 주주여야 한다(The Earth is now our only shareholder)."

이는 단지 기업이익의 일부를 사회에 환원하는 수준을 넘어, 기업의 존재 목적 자체를 '환경 보호'로 전환한 전례 없는 결정이었다. 이제 파타고니아의 연간 수익 중 약 1억 달러 이상이 지속가능성과 환경운동에 직접 재투자되며, 창립자 가족은 어떠한 배당도 받지 않는다.

더불어 파타고니아는 매년 전체 매출의 1%를 '1% for the Planet'이라는 글로벌 환경기금에 기부하며, 세계 각국의 풀뿌리 환경단체와 지역 사회

보호 프로젝트를 지원하고 있다. 이는 단순한 기부가 아닌, 기업과 지구의 관계를 재정립하려는 행동주의적 기업 모델이다.

그린워싱을 넘어선 '그린 액션'

오늘날 많은 기업이 ESG를 이야기하지만, 실제로는 보고서 작성과 이미지 마케팅에 머무르기 쉽다. 반면 파타고니아는 ESG를 '경영 수단'이 아닌 기업의 본질적 사명으로 설정하고 있다. 그린워싱이 넘쳐나는 시대에, 파타고니아는 오히려 "Less is more.", "소유보다 지구"를 말하며, 실천으로 ESG의 본질을 증명하고 있다.

이처럼 파타고니아는 기업 활동 그 자체를 통해 "친환경 브랜드"가 무엇인지, "말보다 행동이 중요하다."는 원칙을 어떻게 구현할 수 있는지를 전 세계에 보여 주는 ESG 경영의 모범 사례이자 상징적인 존재로 자리 잡았다.

오르스테드(Ørsted) – '에너지 전환' 자체가 전략이 된 기업

　오르스테드(Ørsted)는 1972년, 덴마크 정부가 자국의 에너지 안보를 강화하기 위해 설립한 국영 에너지 기업 '동에너지(DONG Energy, Danish Oil and Natural Gas)'에서 시작됐다. 이름 그대로, DONG은 덴마크의 석유와 천연가스 자원을 탐사하고, 석탄 화력발전소와 가스를 기반으로 한 전력 생산을 주도하는 **전통적인 화석연료 중심의 에너지 기업**이었다. 1990~2000년대 초반까지도 회사의 주요 수익원은 석탄 발전과 북해 가스전이었다. 그러나 2000년대 중반, 덴마크 사회 전반에서 **기후위기에 대한 위기의식이 고조**되기 시작했고, 정부 차원에서도 **탄소중립 국가로의 전환 로드맵**이 제시되면서, DONG Energy는 큰 갈림길에 놓이게 되었다. 기업 내부에서도 다음과 같은 고민이 있었던 것으로 알려진다:

　"기후변화라는 전 지구적 과제 앞에서, 우리가 계속 석탄으로 수익을 낼 수 있는 시간이 얼마나 남아 있는가?"

　이 질문은 DONG Energy가 **2008년 '그린 전환'을 공식 선언**하는 계기가 되었다. 당시 CEO였던 헨릭 폴센(Henrik Poulsen)의 리더십 아래, 회사는 **2020년까지 전체 전력 생산의 85% 이상을 재생에너지 기반으로 전환하겠다는 계획**을 세웠다. 단순한 선언이 아니라, 실제로 **석탄 발전소 6곳을 폐쇄하거나 바이오매스 기반으로 전환**, 북해와 유럽 연안에 **해상풍력**

단지를 대규모로 조성하기 시작했다.

이 과감한 변화는 당연히 단기적 손실과 비판을 수반했다. 일부 투자자들은 석탄·가스 사업의 철수가 **수익성 악화를 초래할 것이라며 반대**했고, 내부에서도 불확실성에 대한 우려가 컸다. 그러나 회사는 **장기적 관점에서의 시장 리더십 확보**와 **지속가능성을 수익 모델에 통합**하는 방향성을 유지했다.

그리고 2017년, 회사는 **화석연료 사업부를 완전히 분리**하고, 사명을 '오르스테드(Ørsted)'로 변경했다. 이 이름은 덴마크의 물리학자이자 전자기학의 창시자인 한스 크리스티안 오르스테드(Hans Christian Ørsted)를 기리기 위한 것으로, **"과학과 지속가능성, 진보적 철학"을 기업 철학에 반영한 상징적 명명**이었다.

현재 오르스테드는 전 세계 해상풍력 시장에서 1위를 차지하고 있으며, 전력 생산의 90% 이상을 **풍력, 태양광, 바이오에너지 등 재생 가능 자원**으로 충당하고 있다. 영국, 미국, 대만, 한국 등 세계 각지에서 해상풍력 프로젝트를 추진 중이며, 2030년까지 완전한 탄소중립을 달성하고, 2040년에는 **전체 공급망(scope 3 포함)에서도 탄소중립을 실현**한다는 계획을 갖고 있다.

한때 덴마크 최대의 석탄·가스 기반 에너지 회사였던 오르스테드(Ørsted)는 지금은 세계에서 가장 친환경적인 에너지 기업으로 불린다. 이 극적인 변화는 단순히 친환경 프로젝트 몇 개를 도입했다는 의미가 아니다. 오르스테드는 아예 기업의 존재 이유와 수익 모델 자체를 바꾸는 '비즈니스 구조 혁신'을 통해 ESG 경영을 실현한 대표 사례다.

2008년 당시, 오르스테드는 전력 생산의 85% 이상을 석탄과 천연가스에 의존하고 있었다. 그러나 기후 위기의 심각성과 지속가능한 성장의 한계를 인식한 경영진은 '2030년까지 100% 재생에너지 기반 기업으로 전환한다.'는 선언적 목표를 세우고, 실제 실행에 들어갔다. 이는 설비, 조직, 인력, 투자 모든 면에서 '탈탄소 중심의 산업 개편'을 뜻했다.

현재 오르스테드는 전체 전력 생산의 90% 이상을 해상풍력(Offshore wind)과 같은 재생에너지로 공급하고 있으며, 영국·미국·대만·한국 등 전 세계 주요 해역에서 해상풍력 프로젝트를 선도하는 글로벌 친환경 인프라 기업으로 자리매김했다. 에너지 산업 특성상 '전환'이 곧 수익구조의 근본적 변화와 직결되는 만큼, 오르스테드의 사례는 ESG가 부가적인 책임이 아니라 기업의 생존 전략이 될 수 있다는 것을 입증한다.

또한 이 회사는 ESG를 외부의 요구가 아닌 자체 전략의 정점에 위치시켰다. 과학 기반 감축목표(Science Based Targets)를 설정하고, 탄소배출량 감축 현황을 매년 외부 감사와 함께 투명하게 공개하고 있으며, ESG 평가에서도 MSCI, Sustainalytics 등 주요 평가기관으로부터 최고 등급을 유지하고 있다.

오르스테드의 경우는 '그린워싱'의 반대편에 있는 사례다. 말보다 행동이 앞섰고, CSR이 아닌 비즈니스 전략 그 자체로 지속가능성을 선택했다. 이는 ESG가 이미지가 아니라 시장의 판도를 바꾸는 실질적 성장 동력이 될 수 있음을 보여 준다.

유니레버(Unilever) - ESG로 브랜드를 다시 정의한 소비재 기업

글로벌 소비재 기업 유니레버(Unilever)는 ESG를 단순한 사회공헌이나 보고서 수준이 아니라, 경영의 중심축이자 브랜드 정체성으로 전환한 사례로 자주 언급된다. 이 기업의 ESG 전략은 'Sustainable Living Brands(지속가능한 생활 브랜드)'라는 구체적인 프레임을 통해 실현된다.

유니레버는 자사 주요 브랜드에 대해 환경적 책임과 사회적 가치를 내재화할 수 있도록 독려하고, 실제 그 성과를 기반으로 마케팅·성과평가·재무계획을 연동시킨다. 단순히 ESG를 "좋은 일"로 여기는 것이 아니라, 브랜드의 성장 동력으로 작동하게 만든 구조적 접근이다.

대표적인 사례는 도브(Dove)다. 도브는 플라스틱 사용 최소화, 재활용 가능한 포장 도입 등 환경 개선을 위한 노력을 지속하면서 동시에, '진짜 아름다움'과 '바디 포지티브(Body Positive)' 캠페인을 통해 사회적 메시지를 함께 전달한다. 이를 통해 도브는 단순한 세정 브랜드에서 자기존중과 다양성의 상징 브랜드로 자리매김하며, 소비자와의 감정적 연결을 구축했다.

또한 립톤(Lipton)은 세계 최대 티 브랜드 중 하나로, 모든 제품에 대해 지속가능한 농업 인증(Rainforest Alliance 등)을 받은 차 원료만을 사용하며, 공급망의 노동환경, 수자원 사용, 생물다양성 보존 등을 ESG 관점에서 통합 관리한다. 유니레버는 이처럼 브랜드 하나하나에 지속가능성을 '기능'이 아닌 '철학'으로 부여하고 있다.

눈에 띄는 점은, 이 '지속가능 브랜드'가 실제로도 매출 성장률이 더 높다는 것이다. 유니레버는 "환경과 사회적 메시지를 담은 브랜드일수록 소비자의 충성도가 높고, 장기적인 수익성과도 연결된다."는 데이터를 바탕으로, ESG와 수익성의 공존 가능성을 증명하고 있다.

즉, 유니레버는 ESG를 '할 수도 있는' 활동이 아니라, 해야만 하는 전략적 선택으로 자리매김했고, 이를 통해 브랜드의 경쟁력을 재정의한 대표적 사례다.

이케아(IKEA) - 대형 유통기업도 순환경제를 할 수 있다

이케아(IKEA)는 전 세계에서 가장 잘 알려진 **가구 및 생활용품 브랜드** 중 하나로, **합리적인 가격, 평평한 포장, DIY 조립식 가구, 스칸디나비아식 디자인 철학**으로 유명하다. 이케아는 단순한 유통 브랜드를 넘어, 최근에는 **지속가능성과 순환경제 전략의 선도적 기업**으로도 주목받고 있다. 가구 산업은 오랫동안 '소비와 폐기'의 상징처럼 여겨졌다. 저렴한 가격, 빠른 교체 주기, 사용 후 폐기 중심의 구조는 환경 부담이 클 수밖에 없었다. 하지만 이케아(IKEA)는 이러한 기존 구조에 정면으로 도전하며, 유통기업도 지속가능성과 수익성을 동시에 추구할 수 있다는 가능성을 보여 주고 있다.

이케아는 2030년까지 전사적 탄소중립 달성(Net Zero)을 목표로 설정하고, 이를 위한 순환경제(Circular Economy) 전략을 다방면에서 실천하고 있다.

우선 재료 차원에서는 가구 제작에 쓰이는 목재의 약 98%를 지속가능한 인증(FSC 등)을 받은 목재로 전환, 100% 친환경 목재 사용을 목표로 하고 있다. 에너지 차원에서는 이케아 매장 및 물류창고에 태양광 패널을 설치하고, 전기차 충전소를 확대하며, 매장 운영의 탄소발자국을 획기적으로 줄이고 있다.

특히 주목할 만한 부분은 '리바이 리빙(Rebuy Living)' 프로그램이다. 이케아는 사용하던 가구를 중고로 되사들여 재판매하거나 리사이클링을 하는 시스템을 전 세계 매장에서 확대하고 있다. 이는 단순한 제품 회수가 아닌, 소비자와 함께 '자원 순환 생태계'를 만들어가는 실천형 전략이다. 이와 함께 오래 사용할 수 있는 모듈형 디자인, 부품 교체 지원, 수리용 키트 제공 등도 ESG 목표를 생활 속 실천으로 끌어내는 방식이다.

이케아는 이처럼 기업 내부만의 개선이 아니라, 소비자 참여 기반의 ESG 문화 조성에 집중하고 있다. 단순히 "우리는 착하다."가 아니라, "당신도 함께 할 수 있다."는 구조적 참여 유도는 ESG의 새로운 차원을 제시한다.

다논(Danone) - ESG를 경영의 언어로 말하는 식품기업

프랑스를 대표하는 글로벌 식품기업 다논(Danone)은 'ESG는 외부 평판 관리의 도구'라는 통념을 깨는 기업이다.

이미 2000년대 초부터 다논은 '건강한 식생활과 지속가능한 지구'라는 구체적인 사회적 사명을 기업의 중심에 두었다. 이후 20년 넘게 다논은 생산 공정, 제품 개발, 포장, 유통, 소비자 커뮤니케이션까지 ESG 관점을 체계적으로 내재화했다.

특히 이 기업은 B Corp 인증을[7] 단일 브랜드가 아닌 전체 사업부로 확대 적용하며, 유럽 대기업 중 최초로 전사 차원의 B Corp 전환을 공식 선언했다. 이는 단순한 인증이 아니라, 이윤보다는 임팩트 중심의 의사결정 시스템을 갖추겠다는 기업 철학의 실현이기도 하다.

또한 다논은 제품 수준에서도 ESG 실천을 가시화하고 있다. 플라스틱 사용을 줄이기 위해 **생분해성 유산균 병 패키지**를 개발했고, 2025년까지 전체 포장재의 100%를 재활용 가능하게 전환하겠다는 로드맵을 공개했다. 이는 단순히 친환경 소재로의 전환이 아니라, **생산·회수·재활용까지 고려한 순환형 설계**를 반영한 전략이다.

---

7) 유럽에서 진행 중인 B Corp 인증은 재무적 성과와 사회적 성과를 균형 있게 추구하며, 비즈니스로 더 나은 사회를 만들고자 하는 기업에게 부여되는 브랜드이자 고유명사로 볼 수 있다.

특히 눈여겨볼 점은, **ESG 성과를 경영진 보상 체계에 직접 연동**시켰다는 점이다. 단기 재무 실적이 아닌 **환경 성과, 지역사회 기여, 지속가능 포장 전환율** 등이 주요 KPI(핵심성과지표)로 반영되며, 이는 이사회가 감독하는 공식 지표에 포함된다.

다논이 보여 주는 메시지는 명확하다. 진짜 ESG는 '밖으로 보여 주기'가 아니라, 기업 내부에서부터 작동하는 기업 시스템이다. 보고서가 아닌 구조로, 광고가 아닌 보상제도로 ESG를 실천하는 기업. 그것이 다논이 '진짜 ESG 기업'이라 불리는 이유다.

노보 노디스크(Novo Nordisk) - 제약을 넘은 지속가능 의료의 리더

노보 노디스크(Novo Nordisk)는 ESG라는 개념이 상대적으로 생소했던 제약·바이오 산업에서, 가장 모범적인 ESG 전환 사례를 보여 주는 기업이다.

이 덴마크 제약사는 '당뇨병 치료제 세계 1위 기업'이라는 타이틀을 넘어서, **의료 접근성, 환경 영향 최소화, 윤리적 공급망 관리**를 ESG 경영의 핵심 축으로 삼아왔다.

우선 **사회(S)** 측면에서, 노보 노디스크는 '약은 모든 사람의 권리'라는 철학을 실제로 실현하고 있다. 전 세계 79개국에서 **저소득층을 위한 저가 인슐린 공급 프로그램**을 운영하며, 수익성이 낮더라도 취약계층에 대한 접근성을 꾸준히 확대해 왔다. 이 프로그램은 단순한 기부가 아니라, **현지 공공의료체계와의 연계, 교육과 인프라 구축**까지 포함된 지속 가능한 모델이다.

환경(E) 측면에서도 노보 노디스크는 제약기업으로서는 이례적인 목표를 설정하고 달성해 왔다. 자체 제조 공정에서의 탄소배출 감축을 위해 수년간 설비 전환을 추진했고, 2020년에는 **공장 운영 전력을 100% 재생에너지로 전환**하는 데 성공했다. 또한 약품 생산 후 폐기물 관리, 포장재의 재활용률 향상, 운송 시 온실가스 감축 전략 등 **의약품 산업 전 과정에**

서의 지속가능성 전략을 단계별로 추진하고 있다.

무엇보다 인상적인 점은, 이 기업이 ESG 성과를 별도의 독립 문서인 '사회적 영향 보고서(Social Impact Report)'로 매년 공개한다는 것이다.

이는 일반적인 지속가능경영보고서(Sustainability Report)와는 별개로, 사회적 성과와 환경적 기여를 **정량적 수치와 구체적 사례 중심으로 설명**하며, 제3자의 검토까지 받는다.

즉, 단순히 "우리는 착한 일을 했다."가 아니라, "어디에서, 어떻게, 어느 정도의 영향을 미쳤는지"를 독자적으로 입증하는 보고체계를 갖추고 있다.

마치며

진짜 ESG 기업의 공통점

이처럼 진짜 ESG 기업들은 단순한 마케팅 차원이 아닌, 다음과 같은 공통된 특성을 지닌다:

1. **행동 중심**: 단기적 캠페인보다 장기적 전략과 실행에 초점을 둔다.
2. **투명한 정보 공개**: ESG 활동의 한계와 문제점까지 포함한 진솔한 보고와 외부 검증을 중요시한다.
3. **기업 철학과 전략의 일치**: 지속가능성을 기업의 핵심 철학과 운영 모델에 통합한다.
4. **지속가능한 수익구조**: 환경 보호와 동시에 경제적 지속 가능성을 함께 고려한다.

진짜와 가짜를 구별하는 기준

그렇다면 소비자나 투자자는 어떻게 진짜와 가짜를 구별할 수 있을까? 다음과 같은 기준을 참고할 수 있다:

- ESG가 핵심 사업 전략에 통합되어 있는가?
- 지속가능성과 관련한 데이터가 구체적이며 측정 가능한가?
- 외부의 독립적 검증을 받고 있는가?
- 문제점이나 한계에 대해 솔직하게 공개하고 있는가?

이 네 가지 기준은 단지 '그럴듯한 이미지'가 아닌, '진정한 실천'을 가려내는 나침반이 된다.

진짜 ESG는 겉으로 보기에만 '착해 보이는' 것이 아니다. 그것은 기업이 실질적인 책임을 지고, 지속가능한 미래를 위한 행동을 선택하는 것에서 시작된다. 다음 장에서는 소비자와 시민 사회가 어떻게 이러한 진짜 ESG를 지원하고 확산시킬 수 있는지 살펴본다.

5장
세계는 지금, 그린워싱과 전쟁 중

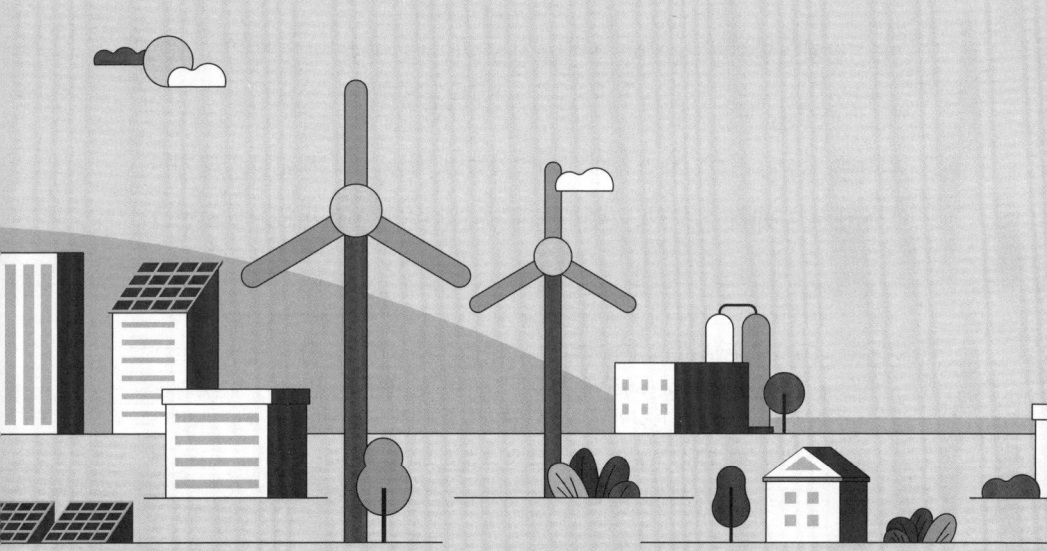

유럽연합의 Green Claims Directive - '친환경'이라는 말에도 증거가 필요하다

유럽연합(EU)은 전 세계에서 가장 선도적으로 그린워싱을 규제하고 있는 지역이다. 그중에서도 특히 주목받는 정책이 바로 「Green Claims Directive(녹색 주장 지침)」이다[8]. 이 지침은 2023년 3월 유럽연합 집행위원회(EC)가 공식 발표한 것으로, 기업이 제품·서비스에 대해 '친환경' 혹은 '지속가능'하다고 주장할 때, 그에 합당한 과학적 증거와 외부 검증을 의무화하는 내용을 담고 있다.

배경과 문제의식

EU 집행위원회가 실시한 사전 조사에 따르면, 유럽 내 '친환경 마케팅 문구'의 약 53%가 모호하거나 근거가 부족한 것으로 드러났다. 예컨대 "친환경 포장", "100% 자연유래", "지속가능한 제품"이라는 표현은 많지만, 그에 대한 구체적 기준이나 설명이 제공되지 않는 경우가 대부분이었다.

---

8) Green Claims Directive(녹색 주장 지침)은 유럽연합(EU)이 2023년에 발표한 소비자 보호 및 기업의 **그린워싱(greenwashing)** 방지를 위한 입법안으로, **제품이나 서비스가 친환경적이라고 주장할 경우 그 근거를 명확히 제시하고 검증받도록 의무화하는 제도**이다. 해당 지침의 원문은 유럽연합 공식 법령 데이터베이스인 EUR-Lex에서 확인할 수 있다.

특히 에코 라벨(Eco-label)이나 인증마크의 남용도 심각해, 사실상 마케팅 수단으로만 ESG가 활용되는 '그린워싱'이 만연해 있는 상황이었다.

이에 따라 EU는 소비자 보호와 진정한 ESG 확산을 위해 모든 친환경 주장에 '객관적 검증'을 의무화하는 방향으로 제도를 정비하기로 했다.

핵심 내용 - Green Claims Directive의 주요 조항

조항 항목	내용
검증 의무화	기업이 친환경 주장(green claim)을 하려면, 과학적 근거 및 데이터를 제시해야 하며, 이를 제3자 독립기관의 검토를 받아야 함
정량적 정보 요구	"이 제품은 탄소중립입니다.", "생분해성입니다." 등의 표현은 정확한 수치, 감축 경로, 분해 조건을 함께 명시해야 함
애매한 표현 금지	"환경친화적", "녹색 제품", "지속가능한 선택" 등 구체적 설명 없이 사용하는 용어는 금지 또는 제한 대상임
에코 라벨 규제	공식 인증을 받지 않은 친환경 마크 또는 자체 제작한 라벨 사용을 금지 또는 검토 대상으로 규정
전체 vs 일부	제품의 일부만 친환경적인 경우, 제품 전체가 그런 것처럼 보이게 만드는 마케팅도 금지 대상임
소비자 알 권리 보장	기업은 자신들의 주장과 관련된 기술 보고서, 인증서, LCA(제품 전과정 평가) 문서 등을 소비자가 요청 시 제공해야 함

구체적 예시

- "이 제품은 탄소중립입니다."

→ 이 표현을 사용하려면, 기업은 제품 생산·운송·폐기까지 전 과정의 탄소배출량 계산서, 그리고 이를 상쇄하는 탄소 크레딧 구매 내역 등을 제시해야 하며, 해당 수단이 실제로 감축 효과가 있는지 제3자가

검토해야 한다.

- "100% 생분해됩니다."
→ 실험실 조건이 아닌 실제 환경에서 며칠/몇 주 내에 분해되는지에 대한 시험 결과, 분해 조건(습도, 온도, 산소 등)을 명확하게 표시해야 하며, 단순히 'PLA 사용'만으로는 해당 표현을 쓸 수 없다.

- 자체 디자인의 녹색 마크 부착
→ 자체 로고나 상징으로 '에코 제품' 이미지를 부여할 경우, 소비자가 공신력 있는 인증으로 오해할 소지가 있는 디자인은 금지된다. EU 인증기관 혹은 ISO 등 국제 기준에 부합해야 한다.

기대 효과와 파급력

Green Claims Directive는 단순한 광고 가이드라인이 아니라, 유럽 시장 전체의 ESG 마케팅 구조를 바꾸는 제도적 전환점이다. 이 조치가 시행되면 기업은 단순히 '그럴듯한 말'을 붙여 제품을 포장할 수 없게 되며, 친환경성을 실제 경영 전략에 내재화해야 생존이 가능한 구조로 바뀐다.

또한, EU는 이 지침을 통해 진짜 ESG를 실천하는 기업에 대한 시장의 신뢰를 높이고, 소비자가 더 나은 선택을 할 수 있도록 정보 비대칭을 줄이는 것을 목표로 하고 있다.

미국: SEC의 ESG 규제 - '친환경 허위공시'에 대한 본격적인 법적 대응

최근 몇 년간 ESG 투자가 급속히 확산되면서, 미국 내 금융기관과 기업들이 ESG를 강조한 투자 상품이나 공시자료를 앞다퉈 시장에 내놓는 현상이 이어졌다. 그러나 이에 따라 'ESG 포장만 요란한 상품, 과장된 마케팅, 불투명한 공시' 등 이른바 그린워싱의 금융화가 심각한 문제로 떠오르기 시작했다. 이에 대응해, 미국 증권거래위원회(SEC)[9]는 ESG 관련 허위공시 및 투자상품 운용의 실질성을 엄격히 점검하는 방향으로 규제 프레임을 강화하고 있다. 이 조치는 단순히 투자자 보호를 위한 것이 아니라, 미국 자본시장 내 ESG 신뢰도 자체를 유지하려는 제도적 노력의 일환이다.

규제 배경 - ESG 열풍 속 허위정보 우려

미국은 세계 최대의 자본시장 보유국으로서, 수천 개의 ESG 펀드, ETF, 채권 상품이 투자자들에게 판매되고 있으며, 운용자산 규모는 10조 달러

---

[9] 미국 증권거래위원회(SEC, Securities and Exchange Commission)는 1934년에 설립된 미국의 연방 규제기관으로, 증권시장과 투자자를 보호하고 시장의 공정성과 효율성을 감독하는 역할을 한다.

이상에 달한다. 그러나 2020년 이후 일부 ESG 펀드가 실질적으로 ESG 평가와 무관한 종목에 투자하거나, ESG 운용 전략이 애매하거나 전혀 실행되지 않는 경우가 다수 확인되면서 SEC가 직접 개입하기 시작했다.

SEC의 조사 결과, "ESG라는 이름을 붙여 더 높은 수수료를 받으면서도, 해당 펀드가 어떤 ESG 기준을 따르고 있는지조차 명확히 설명하지 않는 경우"가 상당수였고, 일부 기업은 ESG 공시 문서에서 기후리스크 평가를 누락하거나, '탄소중립'을 선언하고도 이행 계획이 없는 경우도 많았다.

전 세계적으로 기후위기를 둘러싼 소송이 증가하고 있으며, 미국을 제외한 국가에서도 1,213건의 기후소송이 발생했다. 이 중 약 73%는 정부를 상대로 한 것으로, 환경영향평가 부실과 온실가스 감축 미이행 등이 주요 사유다. 나머지 26%는 기업 등 민간을 대상으로, ESG 행동 부족에 대한 시민사회의 법적 대응이 활발해지고 있다. 특히 미국은 2,600건이 넘는 소송으로 압도적 수치를 보이며, 기후소송이 ESG의 진정성을 검증하는 장치로 작동하고 있다. ESG는 이제 보여주기보다 '법 앞의 책임'이 중요한 시대에 진입했다.

SEC의 주요 규제 조치 - ESG Disclosure Modernization

구분	내용
ESG 펀드명 규제 (Name Rule)	ESG를 상품명에 포함하려면, 실제 운용 전략과 ESG 테마가 직접적으로 연결되어 있어야 함. 단순 홍보용 ESG 명칭은 금지
운용전략 일치성 검증	펀드가 제출한 운용 설명서, 웹사이트 설명, 실제 투자 포트폴리오 간 일관성 여부를 SEC가 직접 검토
성과지표 및 벤치마크의 적합성 요구	"지속가능성 성과가 높다."는 주장은 객관적 지표(Scope 1~3 탄소배출, 노동지표 등)와의 연계 필요

기후리스크 공시 의무화	SEC는 상장기업이 사업 모델 내 기후변화 관련 리스크를 어떻게 평가·관리하는지 의무 공시하도록 요구(TCFD 기준 기반 초안 발표됨)
Net Zero·친환경 선언 규제	"2050년 탄소중립", "지속가능한 기업" 같은 문구를 사용할 경우, 구체적인 실행계획·단계별 감축 경로 공개가 의무화됨
허위·과장 시 제재 강화	ESG 공시에 대한 민형사 책임 적용 가능. 거짓 투자설명서, 오해를 유발한 홍보는 벌금 및 행정 조치 대상

실제 사례: DWS 및 BNY Mellon

〈독일 DWS 자산운용사(Deutsche Bank 계열)〉

• 사건 개요

독일계 글로벌 자산운용사 DWS는 ESG 투자 전략을 강조하며 수십억 달러 규모의 ESG 펀드를 운용해 왔다. 그러나 2021년, 내부 고발자(전 지속가능투자 책임자 Desiree Fixler)의 폭로에 따라, 실제 ESG 심사 및 기준 적용이 허술했음이 드러났다.

• 문제의 핵심

DWS는 자사의 ESG 펀드들이 정교한 지속가능성 평가 기준을 기반으로 운용된다고 홍보했지만, 실제로는 전체 자산의 절반 이상에 대해서 ESG 기준을 전혀 적용하지 않았던 것으로 조사되었다. 즉, 투자 설명서나 마케팅 자료에서 강조한 ESG 투자 전략과 실제 운용 방식 간에 중대한 괴리(Misrepresentation)가 존재한 것이다.

- 미국 정부의 대응

이에 따라 미국 증권거래위원회(SEC)와 법무부(DOJ)는 DWS의 ESG 공시의 정확성과 진정성에 대한 본격적인 조사에 착수했고, 2023년에는 총 2,500만 달러의 벌금이 부과되었다. 이는 ESG 투자 관련 허위·과장 공시에 대한 세계적인 선례로, SEC가 ESG 이슈를 단순한 윤리의 영역이 아니라, 시장 규율과 투자자 보호를 위한 '법적 책임'의 영역으로 간주하고 있음을 보여 준다.

〈BNY Mellon Investment Adviser Inc.〉

- 사건 개요

BNY Mellon 산하의 운용사인 BNY Mellon Investment Adviser Inc.는 일부 채권 펀드를 ESG 상품으로 분류하고 마케팅하면서, 실제로는 해당 상품에 대해 정식 ESG 심사 절차를 거치지 않았음이 적발되었다.

- 문제의 핵심

SEC는 이 펀드들이 ESG 기준을 적용한다고 명시했음에도 불구하고, 내부 문서나 프로세스상 ESG 평가가 누락된 채 채권을 편입한 사실을 문제 삼았다.

즉, ESG 검토가 없는 상태에서 상품에 ESG 라벨을 붙인 것은 투자자들에게 오해를 유발하는 허위 표시(Misleading statement)로 간주되었다.

• SEC의 조치

SEC는 이 같은 행위가 투자자 보호에 반하는 공시 위반이라 판단하고, BNY Mellon에 대해 150만 달러의 벌금을 부과하였다. SEC 집행국은 "투자자들이 ESG 기준을 신뢰하고 투자 결정을 내리는 만큼, 기업은 이에 대한 명확하고 사실에 기반한 정보 제공 의무를 져야 한다."고 강조했다.

이러한 사례는 SEC가 ESG를 단지 '윤리적 영역'이 아닌 시장 질서와 투자자 신뢰를 위한 '법적 영역'으로 다루고 있다는 신호이기도 하다.

기후 공시 규정 제정 움직임 - 'SEC Climate Disclosure Rule'

2022년 SEC는 '기후 관련 재무공시 규정(SEC Climate Disclosure Rule)' 초안을 발표했으며, 이는 다음과 같은 내용을 포함한다:

- Scope 1, 2 탄소배출량은 모든 상장기업에 의무 공시
- Scope 3(공급망 및 제품 사용단계) 배출량은 중요성 기준(materiality)에 따라 일부 기업에 공시 의무 부여
- 기후위기가 재무제표에 미치는 영향을 정량적·정성적으로 보고
- 기업의 탄소중립 선언(Net Zero Plan)이 있을 경우, 이행 전략과 중간 목표를 명확히 제시

이 규정은 2025~2026년부터 단계적으로 도입될 예정이며, 미국 자본시장에서도 'ESG의 실질화'가 불가피한 흐름이라는 점을 보여준다.

결론: SEC의 규제는 ESG의 '진짜 내용'을 묻는다

SEC의 ESG 규제는 단지 허위 광고를 단속하는 수준이 아니라, 기업의 경영 전략·투자자 커뮤니케이션·자본 유입 구조 전반에 걸쳐 '내용과 형식의 정합성'을 요구하는 본질적 변화다. 이제 기업은 ESG를 말하려면, 그에 걸맞은 수치, 전략, 실행 이력을 반드시 증명해야 한다. 이러한 흐름은 ESG가 더 이상 '선택 사항'이 아니라, 투명성과 책임의 문제이자 시장 질서의 핵심 규율이 되었음을 의미한다.

지속가능성보고서와 그린워싱: 왜 제3자 인증이 중요한가?

지속가능성보고서(Sustainability Report)는 기업이 환경(Environment), 사회(Social), 지배구조(Governance)에 관한 성과와 목표를 외부 이해관계자에게 투명하게 전달하기 위해 작성하는 비재무 보고서이다. 최근 ESG 투자 확대와 함께 대기업뿐 아니라 중견·중소기업까지 지속가능성보고서를 자발적으로 발간하는 사례가 증가하고 있다.

하지만 이러한 흐름 속에서 그린워싱 문제가 점차 심각해지고 있다. 일부 기업은 보고서에서 "탄소중립을 추진하고 있다.", "친환경 소재를 도입했다."는 등 긍정적인 내용만을 부각하고, 실제 성과나 한계는 생략하거나 축소해 기재하기도 한다. 특히 이해관계자에게 과도하게 낙관적이거나 선택적 데이터를 제시함으로써, ESG 보고서가 '홍보 수단'으로 왜곡되는 문제가 반복되고 있다.

이처럼 보고서의 객관성·정확성·비교 가능성을 확보하지 않으면, 기업의 ESG 신뢰도가 장기적으로 훼손되고, 투자자나 소비자, 규제기관의 신뢰를 잃게 될 수 있다.

이러한 위험을 방지하기 위해 최근 강조되는 것이 바로 제3자 검증(Assurance)이다. 제3자 검증이란, 기업 외부의 독립된 전문기관이 ESG 보고서에 포함된 정보의 정확성과 신뢰성을 검토하고, 그 결과를 보증하는 과정을 말한다. 이는 이미 많은 사람들이 알고 있는 재무제표에 대한 회계감사와 매우 유사하며, 정보의 품질을 확보하는 수단이다.

제3자 인증의 핵심 목적:
1. 정보의 신뢰성 향상: ESG 성과 지표의 정확도 검토
2. 이해관계자 보호: 투자자·소비자·규제기관의 정보 비대칭 해소
3. 기업 내부통제 강화: ESG 데이터 관리 체계 확립 유도
4. 국제적 신뢰도 확보: 글로벌 스탠다드에 부합한 공시

회계감사 vs ESG 제3자 검증(Assurance)

항목	재무제표 감사	ESG 제3자 검증(Assurance)
목적	기업의 재무정보가 회계기준에 따라 정확히 작성되었는지 검토	ESG 데이터가 공시 기준에 따라 신뢰성 있게 보고되었는지 검토
검토 대상	재무제표(손익계산서, 재무상태표 등)	ESG 보고서(탄소배출, 인권, 공급망, 거버넌스 등)
검증 주체	공인회계사(회계법인)	회계법인, 인증기관(예: PwC, EY, KPMG, DNV, LRQA 등)
기준 체계	K-IFRS, US GAAP, ISA 등	ISAE 3000, AA1000AS, EU CSRD 등
결과물	감사보고서(적정/한정/부적정/의견거절)	검증의견서(합리적 검증, 제한적 검증 등 수준 명시)

회계법인에 의한 ESG 인증 - 왜 중요할까?

현재 글로벌 ESG 검증시장에서 회계법인(Big 4 포함)[10]은 중요한 역할을 수행하고 있다. 이들은 기존 재무감사 경험과 검증 역량을 바탕으로, ESG 공시 항목에 대한 ISAE 3000, AA1000AS, ISO 14064-3 등 국제 기준에 따라 비재무 정보 검증 서비스를 제공하고 있다.

특히, IFRS 재단의 지속가능성 공시기준(IFRS S1, S2), 또는 EU의 CSRD(기업 지속가능성 공시지침) 등에서 제3자 보증 요구가 법제화되면서, 회계법인의 ESG 감사 역할은 더 중요해지고 있다.

실제 사례

- 삼성전자는 2023년 지속가능경영보고서에서 회계법인에 의한 제3자 검증 의견서를 첨부하였으며, 주요 ESG 핵심지표(온실가스, 에너지 사용량, 재생에너지 비중 등)에 대해 'Limited Assurance' 수준의 검증을 받았다.
- Nestlé, Unilever, Apple 등 글로벌 기업은 Scope 1~3 탄소배출량, 인권 리스크 평가 지표 등에 대해 'Reasonable Assurance'까지 확대하고 있으며, 이를 ESG 공시 신뢰성 제고의 핵심 전략으로 삼고 있다.

---

10) 한국의 회계법인 시장은 글로벌 Big 4 회계법인인 삼일회계법인(Deloitte), 삼정회계법인(PwC), 한영회계법인(EY), 안진회계법인(KPMG)이 시장을 주도하고 있으며, 이들은 외부감사 뿐만 아니라 세무 자문, 재무실사, M&A 자문, ESG 컨설팅 등 다양한 고부가가치 서비스를 제공하고 있다.

결론: 지속가능성보고서의 '신뢰'는 검증에서 시작된다

이제 기업이 지속가능성보고서를 발간하는 것만으로는 충분하지 않다. 보고서에 담긴 ESG 수치와 서술이 사실에 기반한 것인지, 객관적으로 검증 가능한 데이터인지, 그리고 그 이행성과를 책임질 수 있는 구조인지를 시장은 요구하고 있다.

따라서 기업은 ESG 공시의 신뢰성을 확보하기 위해 독립적 제3자의 인증을 전략적으로 도입해야 하며, 특히 회계법인의 전문성과 국제기준에 기반한 감사 체계는 그린워싱 우려를 줄이고, 시장에서의 신뢰도를 크게 높일 수 있는 핵심 수단이다.

마치며

지속가능성보고서는 이제 기업의 선택이 아닌 **책임의 시작점**이다. 하지만 그 책임이 실질적인 신뢰로 이어지기 위해서는, 단지 "좋은 말"을 나열하는 것이 아니라 **사실 기반의 데이터와 검증 가능한 성과**로 뒷받침되어야 한다. 그린워싱이 만연한 시대에 ESG 공시는 더 이상 마케팅의 영역이 아니며, **회계와 규제의 영역으로 진입하고 있다.** 이러한 흐름 속에서 제3자 인증, 특히 회계법인의 검증은 ESG 정보의 품질을 높이고, 기업의 진정성을 외부에 입증하는 가장 효과적인 수단으로 주목받고 있다.

EU의 Green Claims Directive, 미국 SEC의 ESG 공시 규제처럼, 세계는 이제 "어떻게 말하는가?"보다 "그 말을 뒷받침하는 근거가 있는가?"를 묻고 있다. 기업이 ESG에서 진짜 신뢰를 얻고 싶다면, 보고서의 형식보다 **내부 시스템과 실질 변화**, 그리고 **검증된 사실**로 말해야 한다. 결국 지속가능성은 숫자와 행동으로 증명되는 시대다.

6장

'착한 기업'은 어떻게 만들어지나? - ESG 평가, 인증, 순위의 세계

오늘날 우리는 '착한 기업', '지속가능한 브랜드'라는 말을 심심치 않게 접한다. 뉴스에서는 ESG 우수 기업 순위가 발표되고, 각종 인증마크가 붙은 제품들이 매대에 줄지어 있다. 투자자들은 ESG 점수를 보고 종목을 고르고, 소비자들은 환경마크를 보고 브랜드의 도덕성을 판단한다.

하지만 과연, 이 '착한 기업'이라는 타이틀은 누가, 어떤 기준으로 만들어내는 것일까?

ESG 점수는 누가 매기는가?

ESG 등급의 세계적 기준과 평가기관의 작동 원리

기업의 지속가능성을 수치로 평가한다는 것은 생각보다 복잡한 일이다. 이윤을 얼마나 냈는지는 간단한 회계 수치로 측정할 수 있지만, '기후를 얼마나 보호했는가?', '노동자의 권리를 얼마나 존중했는가?', '지배구조는 얼마나 투명한가?'는 단순한 숫자만으로 설명되기 어렵기 때문이다. 그럼에도 불구하고 오늘날 투자자, 정부, 소비자는 기업의 ESG 점수(ESG Rating)를 중요한 판단 기준으로 삼는다.

특히 글로벌 시장에서는 전문 평가기관이 부여하는 ESG 등급이 하나의 '신용지표'처럼 기능하고 있으며, 이 점수에 따라 자금 유입, 투자처 선정, 공급망 납품 여부 등이 결정되기도 한다.

대표적인 ESG 평가기관들

1. MSCI(Morgan Stanley Capital International)
- 세계 최대 금융정보 기업 중 하나로, 'MSCI ESG Ratings'는 전 세계 기관투자자들이 가장 널리 참고하는 ESG 등급 체계 중 하나다.

- 평가 대상은 약 8,500개 상장기업, 35개 산업군을 기준으로 비교 분석한다.
- 등급은 AAA(최고 등급)부터 CCC(최저 등급)까지 7단계로 구분된다.
- 평가 방식의 핵심:

  MSCI는 각 산업별로 '중대성(Materiality)' 기준[11]을 다르게 적용한다. 예를 들어 석유화학 기업은 환경 항목에서 높은 비중이 반영되고, 기술 기업은 데이터 보안·지배구조가 핵심 항목이 된다. 또한, '동종업계 대비 상대 평가'를 적용해, 동일 산업 내에서 비교 우위를 점한 기업을 고등급으로 분류한다.

2. Sustainalytics(모닝스타 산하)

- 네덜란드에 본사를 둔 ESG 전문 평가기관으로, 현재는 투자 정보사 모닝스타(Morningstar)의 자회사다.
- 특징은 '리스크 중심 스코어링 시스템'이다.
- ESG 이슈가 해당 기업의 재무 성과에 미칠 수 있는 위험도를 분석해, 0점(위험 거의 없음)~40점 이상(매우 높은 리스크)까지 수치화한다.
- 핵심 평가 요소:

  환경, 사회, 지배구조 각각에 대해 기업이 직면한 '위험의 크기'와 해당 위험을 어떻게 관리하고 있는지(관리 효율성)를 함께 분석한다.

---

11) 중대성은 말 그대로 '중요한 것이 무엇인가'를 구별하는 기준이다. ESG에서의 중대성이란, 해당 기업에 있어 재무적으로, 전략적으로, 이해관계자에게 '실질적 영향을 주는 항목이 무엇인가'를 선별하는 행위를 말한다. 중대성이란 ESG의 핵심 항목이 기업마다 다를 수 있다는 사실을 전제로 한다.

예를 들어 한 패션 기업이 공급망에서 아동 노동 문제가 발견될 위험이 높지만, 강력한 모니터링과 내부 제도를 갖추고 있다면 '리스크는 크지만 관리가 잘 된다.'는 식으로 평가된다.

3. FTSE Russell(런던거래소 그룹)
- 'FTSE4Good Index Series'를 운영하며, 사회적 책임 투자(SRI) 지수로 특히 유명하다.
- 기업이 FTSE4Good 지수 편입 여부에 따라 윤리적 투자 대상인지 판단하는 기준이 되기도 한다.
- 평가 대상은 7가지 핵심 테마(환경, 인권, 노동, 공급망, 반부패 등)이며, 점수는 0~5점의 정량지표로 산출된다.
- 투자 연계성 강조:

FTSE는 ESG 평가 결과를 지수 구성과 직접 연계하여, ESG 우수 기업 중심의 포트폴리오를 구성하는 데 활용된다. 따라서 기업 입장에서는 이 지수에 편입되느냐의 여부가 실제 주가와 자금 유입에 직결된다. 투자자 입장에서는 이 점수를 '비재무적 리스크 지표'로 활용하며, ESG ETF나 펀드 구성에도 직접 반영된다.

평가 기준의 한계와 오해: 같은 기업인데 평가 결과가 다른 이유

많은 사람들이 ESG 점수를 **절대적인 기준**처럼 받아들이지만, 실제로는 평가기관마다 점수가 크게 다를 수 있다. 같은 기업이 MSCI에서는 'A등급'인데, Sustainalytics에서는 'High Risk'로 분류되기도 한다.

이유는 다음과 같다:

- 평가 항목이 다르다.
  MSCI는 '지배구조'를 중시하고, Sustainalytics는 '리스크 회피 능력'을 강조하며, FTSE는 '정량지표 충실도'에 초점을 둔다. 즉, 중요하다고 보는 ESG 요소의 우선순위가 기관마다 다르다.

- 정보의 출처가 다르다.
  어떤 기관은 기업의 자체 보고서를 중심으로 평가하고, 어떤 기관은 NGO나 언론 데이터를 더 반영한다. 심지어 **기업이 아예 ESG 공시를 하지 않을 경우**, 일부 평가기관은 '무자료 = 리스크'로 간주해 낮은 점수를 주기도 한다.

- 산정 방식이 공개되지 않는다.

대부분의 평가 알고리즘은 **비공개** 방식이다. 소비자나 기업은 어떤 요소가 영향을 미쳤는지 구체적으로 알기 어렵다. 이는 ESG 점수에 대한 신뢰성을 떨어뜨리는 요인이 되기도 한다.

결국, **ESG 점수는 '정보 해석'의 결과이지, 절대적인 진실은 아니다.** 이 점을 소비자와 투자자는 함께 인지할 필요가 있다. 이런 구조적 특성 때문에, **ESG 점수는 단지 하나의 참고 수단일 뿐**이지, 자체로 기업의 도덕성이나 지속가능성 실천을 완벽하게 입증하는 도구는 아니다.

소비자는 '이 기업이 A등급이다.'라는 문구를 무비판적으로 받아들이기보다는, "어떤 기준으로 A인가?", "이 점수의 의미는 무엇인가?"를 함께 살펴야 한다. 투자자는 ESG 등급을 **의사결정의 필터**로 활용하되, 실제 공시 내용, 이슈 대응 방식, 뉴스 모니터링 결과 등과 함께 종합적으로 판단해야 한다.

인증마크의 종류와 의미(FSC, B Corp, Fair Trade, Carbon Trust 등)

'착한 브랜드'의 또 다른 상징은 **제품에 부착된 각종 인증마크**다. 생소하거나 비슷비슷해 보이지만, 실제로는 각기 다른 기준과 철학을 바탕으로 운영되고 있다. 이러한 인증은 대부분 **독립된 제3자 기관에 의해 발급되며**, 자격 유지 및 재검증 과정을 요구한다. 특정 마크가 있다는 건 단순한 친환경이 아니라 '공신력 있는 기준을 충족했다.'는 신호다.

하지만 인증마크가 많아질수록 소비자는 오히려 혼란스럽다. 실제로 일부 기업은 자체 제작한 로고를 붙이거나, **의미 없는 '초록색 잎 그림'을 통해 착각을 유도**하기도 한다.

믿을 만한 인증을 판별하려면 다음과 같은 기준을 확인해 보자:

1. **국제 인증인가?** - ISO, EU, UN 등 공신력 있는 국제 기구에서 인정한 제도인지
2. **제3자 검증 여부** - 기업 자체가 아닌 독립 기관의 인증인지
3. **공개된 평가 기준이 있는가?** - 구체적인 심사 항목과 갱신 절차가 명시되어 있는가?
4. **갱신 주기와 적발 사례가 존재하는가?** - 한 번 받은 후 끝이 아니라 지속적으로 관리되고 있는가?

간단히 말해, 초록색이라서 착해 보이는 게 아니라, 기준과 절차가 있는 것이 착한 것이다.

ESG가 '보여 주기'로 흘러가는 이유: 평가 시스템 자체에 구조적 한계 존재

ESG 점수와 인증 제도가 있는 것은 분명히 긍정적인 일이다. 그러나 현재 시스템은 완벽하지 않으며, **오히려 그 자체가 '보여 주기 ESG'를 양산하는 구조가 되기도 한다.**

- 보고서를 잘 쓰는 기업이 점수를 잘 받는다.
- → 행동보다 문서 작성 능력, PR 역량이 점수에 더 큰 영향을 미치는 역설
- 데이터를 숨기면 리스크가 보이지 않는다.
- → 공시를 하지 않는 기업이 낮은 점수를 받을 수도 있지만, 일부 평가 기관은 아예 '데이터 없음 = 평가불가'로 처리해 **책임을 피하는 기업도 존재**
- 투자 유치를 위해 점수를 포장한다.
- → ESG 등급이 **투자 지표로 사용되면서**, 기업은 점수를 '관리'하게 되고, 이는 오히려 **내부 혁신보다 외부 이미지를 우선하는 유인을 제공**

이러한 시스템적 한계를 극복하기 위해서는, **ESG 점수를 읽는 능력도 소비자의 역량** 중 하나가 되어야 한다. 맹목적인 숫자 신뢰보다는, **행동과 구조, 일관성을 확인하는 시선**이 필요하다.

마치며

'착한 기업'이라는 말은 이제 기업 스스로가 만들어내는 것이 아니라, **소비자와 투자자, 평가기관의 감시와 기준 속에서 검증되는 타이틀**이 되었다. ESG 점수와 인증마크는 분명 중요한 참고자료지만, 그것만으로 기업의 진정성을 단정할 수는 없다.

왜냐하면 그 점수는 평가기관의 기준과 알고리즘에 따라 달라지며, 인증 역시 기준의 엄격함과 검증 체계에 따라 신뢰도가 다르기 때문이다.

결국 중요한 것은 숫자보다 **그 숫자 뒤에 있는 행동과 구조**다. 보고서가 화려하더라도 실제로 변화가 없다면, 그것은 ESG가 아니라 또 다른 형태의 그린워싱일 수 있다.

이제 우리는 '착해 보이는 기업'이 아니라, 진짜로 책임지는 기업을 분별할 수 있는 눈을 가져야 한다.

소비자의 질문, 감시, 비교, 행동이 모일 때, 착한 기업은 만들어지는 것이 아니라 **살아남게 된다.**

7장
한국 기업의 그린워싱, 현실을 들여다보다

보고서는 있는데, 변화는 보이지 않는다

요즘 기업들이 앞다투어 발표하는 보고서 중 하나가 바로 '지속가능경영보고서'다. 이 보고서는 기업이 환경(E), 사회(S), 지배구조(G)와 관련해 어떤 노력을 하고 있는지를 담은 일종의 ESG 활동 성적표라 할 수 있다. 그런데 이 보고서를 발간하는 기업 수가 생각보다 빠르게 늘고 있다는 사실은 많은 사람들에게 잘 알려져 있지 않다.

2016년에는 70개 기업만이 보고서를 냈지만, 2023년에는 무려 299개 기업이 발간하면서 7년 만에 약 4.3배 증가한 셈이 된다. 특히 2020년 이후부터 증가세가 두드러지기 시작했는데, 2021년에는 전년 대비 44% 증가한 143개 기업이, 2022년에는 다시 55% 증가한 222개 기업이 보고서를 발간했다. 이러한 급증의 배경에는 전 세계적으로 ESG에 대한 관심이 커진 것도 있지만, 2021년에 한국거래소가 ESG 정보공시 가이던스를 발표하고 2025년부터 단계적 의무공시 제도가 시행된다는 점이 기업들의 대응을 촉진한 것으로 보인다.

지속가능경영보고서를 낸다고 해서 끝나는 것이 아니라, 대다수 기업은 이 보고서에 대해 제3자의 검증도 함께 받는다. 실제로 2016년부터 2023년까지 국내에서 발간된 1,069개의 지속가능경영보고서 중 92.4%에 해당하는 988건이 외부 인증을 받은 것으로 나타났다. 특히 보고서 발간이 급증한 2021년에는 전체 143개 중 137개 기업이, 2022년과 2023년에도 각각 92.8%, 90.3%의 높은 인증 비율을 기록했다. 다만 최근 몇 년 사이에는 인증 비율이 조금씩 낮아지는 경향도 보이는데, 이는 ESG 관련 인증 비용이나 인력 확보 등의 부담이 일부 기업에 영향을 준 결과로 해석된다.

지속가능경영보고서는 대부분 유가증권시장에 상장된 대기업들이 주도해왔지만, 최근에는 중소·벤처기업이 많은 코스닥 기업들도 ESG 보고에 본격적으로 참여하기 시작했다. 2020년까지만 해도 코스닥 상장사 중 보고서를 낸 기업은 2곳에 불과했으나, 2023년에는 43개 기업으로 급증했다. 이는 ESG 경영이 대기업 중심에서 벗어나 산업 전반으로 확산되고 있음을 보여 주는 긍정적인 신호다.

그러나 인증에 있어서는 유가증권시장 기업과 코스닥 기업 간의 뚜렷한 차이가 존재한다. 유가증권시장 상장 기업들의 경우, 2016년부터 2023년까지 인증 비율이 90~95% 수준으로 안정적으로 유지된 반면, 코스닥 기업들은 인증 비율이 해마다 들쭉날쭉하고 전반적으로 낮은 경향을 보였다. 예를 들어, 2022년에는 코스닥 상장 22개 기업 중 18개(81.8%) 만이 인증을 받았으며, 2023년에는 43개 중 32개 기업(74.4%)만이 인증을 획득했다. 이는 중소기업이 ESG 인증을 추진하는 데 있어 비용 부담, 전문성 부족 등의 구조적 제약이 존재함을 보여 주는 사례라 할 수 있다.

결국 지속가능경영보고서의 양적 확대는 ESG에 대한 사회 전반의 인식 변화와 정책적 유인이 맞물린 결과이며, 제3자 인증을 포함한 보고의 신뢰성 확보 여부는 향후 기업의 지속가능성을 가늠하는 중요한 기준이 될 것이다. 특히 대기업 중심에서 중소기업으로 확대되는 ESG 경영의 흐름은 산업 전반에 걸쳐 ESG가 기본 경영요소로 자리 잡아가고 있음을 보여 준다.

표 연도별 지속가능경영보고서 제3자 인증 현황

연도	지속가능경영보고서 제출 기업 수	인증 기업 수(비율)
2016	70	66(94.29%)
2017	74	70(94.59%)
2018	77	72(93.51%)
2019	85	78(91.76%)
2020	99	89(89.90%)
2021	143	137(95.80%)
2022	222	206(92.79%)
2023	299	270(90.30%)
합계	1,069	988(92.42%)

표 연도별-상장시장별 지속가능경영보고서 제3자 인증 현황

연도	상장시장	기업 수	인증 기업 수	인증비율
2017	유가증권	73	70	95.89%
	코스닥	1	0	0.00%
2018	유가증권	76	72	94.74%
	코스닥	1	0	0.00%
2019	유가증권	84	78	92.86%
	코스닥	1	0	0.00%
2020	유가증권	97	88	90.72%
	코스닥	2	1	50.00%
2021	유가증권	136	130	95.59%
	코스닥	7	7	100.00%
2022	유가증권	200	188	94.00%
	코스닥	22	18	81.82%
2023	유가증권	256	238	92.97%
	코스닥	43	32	74.42%

지속가능경영보고서를 인증하는 기관들도 다양하지만, 우리나라의 인증 시장은 **비회계법인**이 주도하고 있는 실정이다. 2016년부터 2023년까지 인증을 받은 총 988건의 지속가능경영보고서 중에서 가장 많은 인증을 수행한 곳은 한국경영인증원(KMR)으로 나타났다. 이 기관은 전체의 약 29.4%에 해당하는 **290건**의 보고서를 인증해 가장 높은 점유율을 보였다.

그 뒤를 잇는 곳은 **DNV 어슈어런스 코리아**와 **BSI 그룹 코리아**로, 각각 12.5%, 10.6%의 점유율을 기록했다. 이 외에도 **한국표준협회, 한국품질재단, 한국생산성본부** 등도 6~8% 수준의 점유율을 확보하고 있어, 인증 시장이 여러 민간 전문기관 중심으로 형성되어 있음을 알 수 있다.

한편, 우리가 일반적으로 회계감사나 재무보고에서 익숙하게 보는 **회계법인들의 점유율은 매우 낮은 편**이다. 예를 들어, **삼일회계법인**은 전체 인증 중 19건(1.92%), **삼정회계법인**은 18건(1.82%)만을 수행한 것으로 나타났다. 즉, **회계법인의 인증 참여는 제한적이며, 전체 시장에서 차지하는 비중은 2% 미만**에 그치고 있다.

이러한 구조는 한국의 ESG 보고 인증 시장이 아직 회계 중심보다는 **전문 인증기관 중심으로 운영되고 있다는 현실**을 보여 준다. 회계법인은 국제적 기준에 맞춘 ESG 검증 역량을 보유하고 있음에도 불구하고, 실무 적용에서는 상대적으로 덜 활용되고 있는 셈이다. 이는 향후 ESG 정보공시가 법적 의무로 강화될 경우, 회계법인의 참여가 확대될 가능성과도 연결된 중요한 흐름이다.

표 상위 10개 지속가능경영보고서 제3자 인증기관

순위	인증기관	인증 기업 수	인증기관 유형	점유율(%)
1	한국경영인증원(KMR)	290	비회계법인	29.35%
2	DNV어슈어런스코리아	123	비회계법인	12.45%
3	BSI Group Korea	105	비회계법인	10.63%
4	한국표준협회	79	비회계법인	8.00%
5	한국품질재단	68	비회계법인	6.88%
6	한국생산성본부	61	비회계법인	6.17%
7	로이드인증원	54	비회계법인	5.47%
8	삼일회계법인	19	회계법인	1.92%
9	한국사회책임투자포럼	18	비회계법인	1.82%
10	삼정회계법인	18	회계법인	1.82%

연도별로 인증기관 시장점유율을 살펴보면 큰 변화를 겪은 것으로 나타난다. 2016~2018년까지는 DNV어슈어런스코리아가 28~37%의 점유율로 시장을 주도했으나, 2019년부터는 한국경영인증원(KMR)이 28~38%의 점유율로 1위를 지속적으로 유지하고 있는 것으로 나타난다. 또한 주목할 만한 변화로 BSI Group Korea의 성장을 들 수 있는데, 2019년 시장점유율은 1.28%에 불과했으나 2023년에는 21.85%로 성장하여 확고한 2위를 차지하고 있다.

2023년까지의 8년 간 인증기관들이 가장 다수 채택하고 있는 인증기준은 AA1000AS로 나타나고 있으며, 연도별로 71%~87%대의 높은 채택률을 보이며 지속적인 우위를 유지하고 있어 AA1000AS가 제공하는 포괄적인 검증 범위와 국제적 인지도가 한국 기업들에게 적합하다고 평가받고 있는 것으로 보인다. 반면 ISAE3000 인증기준은 2016년 25개(37.88%)에서 2023년 22개(8.15%)로 큰 폭으로 감소했는데, 이는 초기에 ISAE3000이 국제적으로 인정받는 회계 관련 검증 기준으로서 채택되었으나 점차 비재무 정보에 특화된 다른 기준으로 대체되고 있음을 보여 준다.

그러나, 양이 늘었다고 해서 '질'도 따라왔을까? 바로 이 지점에서 의문이 생긴다. 보고서의 숫자는 증가했지만, 그 내용이 실질적인 ESG 실천을 반영하고 있는가?에 대해 전문가와 시민사회는 여전히 고개를 갸웃거린다.

많은 보고서가 "친환경 경영 실현을 위해 노력 중입니다.", "인권 존중 문화를 조성하고 있습니다." 등 **포괄적·상징적 언어**를 사용하고 있으며, 정량 데이터(탄소 감축량, 공급망 리스크 점검 결과, 인권 침해 대응 현황 등)는 구체성이 떨어지거나 비공개인 경우가 많다.

실제로 환경부와 한국환경산업기술원이 2023년 분석한 바에 따르면, 국내 기업 지속가능보고서의 절반 이상이 "기후 리스크" 항목을 구체적으로 명시하지 않거나, 감시 체계 구축 중"이라는 모호한 표현에 그친 사례가 많았다.

이는 ESG가 실제 경영 구조에 내재화된 것이 아니라, **'보고서용 언어'에 머물 가능성**을 보여 주는 단면이다.

보고서에는 '착하다'고 쓰여 있다

많은 국내 대기업들은 매년 ESG 보고서를 발간하며 다음과 같은 문구를 사용한다.

- "2030년까지 탄소중립 실현 목표"
- "사람 중심의 지속가능한 성장"
- "지역사회와의 상생 파트너십"
- "지속가능한 공급망 구축"
- "글로벌 기준에 부합하는 ESG 경영 실천 중"

겉으로 보기엔 모두 'ESG 우등생'이다. 하지만 문제는 이 문구들 중 상당수가 구체적 수치, 예산, 계획 없이 선언에 그치는 경우가 많다는 점이다.

ESG 보고서와 실제 행동의 괴리

예를 들어 보자.

- 한 대형 식음료 기업은 '친환경 포장 확대'를 강조하며 ESG 리더십을 내세웠지만, 해당 연도에 실제 포장 개선률은 1% 미만이었다. 보고서에는 개선율이 아닌 '플라스틱 사용 감축 의지'라는 표현만 반복됐다.
- 국내 대표 포털 기업은 "모든 데이터센터를 탄소중립 설계로 전환"한다고 발표했지만, 해당 시설의 전력 대부분은 석탄 기반 전력망에 의존하고 있었다. 실제로는 탄소 오프셋 구매를 통해 수치를 맞추는 방식이었다.
- 모 중견 석유화학 기업은 "생분해성 친환경 소재 개발"을 주요 ESG 성과로 제시했으나, 해당 제품은 전체 매출에서 1% 미만의 파일럿 생산 제품에 불과했다. 동시에 기존 생산 공정의 환경오염 수치는 그대

로 유지됐다.

이러한 괴리는 보고서가 "무엇을 했는가?"보다 "어떻게 보일 것인가?"에 집중되고 있음을 보여 준다.

특히 한국 기업들의 보고서는 디자인이 화려하고 문장이 정제되어 있지만, 중대한 ESG 리스크에 대한 언급은 의도적으로 축소되거나 누락되는 경우가 많다.

표현의 마법 - '착하게 보이게 만드는 말들'

한국 ESG 보고서에서 자주 등장하는 단어들을 살펴보면, 공통적으로 모호하거나 정성적인 표현이 많다. 예를 들어:

- "노력하고 있습니다."
- "지속가능한 방향을 추구합니다."
- "초기 단계의 시스템을 구축했습니다."
- "ESG 기반의 거버넌스를 점진적으로 정비 중입니다."

이런 문장들은 성과를 측정할 수 없는 추상적 표현이다. 독자가 "무엇을, 얼마큼, 언제까지, 어떻게 했는가?"를 파악하기 어렵게 만든다. 즉, 한국의 ESG 보고서는 '착하게 보이게 만드는 언어'를 설계하는 데 특화되어 있는 경우가 많다.

착한 척 vs 진짜 착함

- '보고서 잘 쓰는 회사'와 '진짜 바꾸는 회사'의 차이

요즘 ESG는 보고서 전쟁이다. 누가 더 화려하게 꾸미느냐, 누가 더 멋진 슬로건을 쓰느냐, 누가 더 그럴듯한 사진을 찍느냐. 하지만 그 포장지를 벗기고 나면, 진짜 알맹이는 어떤가?

〈진짜 ESG〉 기업: 유한킴벌리 - "우리는 숫자로 말합니다."

유한킴벌리는 ESG라는 말이 국내에 본격적으로 확산되기 전부터 꾸준히 '조용한 실천'을 해 온 대표적인 기업이다. 보고서만 봐도 티가 난다.

- 말이 아닌 숫자로 말한다.

예: "2022년 탄소배출량 12만 3천 톤 → 전년 대비 4.6% 감축"

"재생에너지 사용률 18.3% → 2025년 목표 30% 설정"

숫자가 나온다는 건 목표가 있고, 측정이 가능하고, 결과를 숨기지 않았다는 뜻이다.

- 민감한 문제도 외주 준다.

예: "공급망 내 노동권 실태는 제3의 인권 전문기관에 의뢰하여 평가 후 결과 전면 공개"

즉, '우리 회사 좋다.'고 스스로 말하는 게 아니라, **남들이 검토하게 한다**.

- 제3자 인증도 받는다.

예: ESG 보고서 뒤에 회계법인의 로고와 'Limited Assurance' 문구가 찍혀 있다.

즉, 외부 전문가가 "이 보고서 대충 쓴 거 아님."이라고 보증해 준다는 뜻이다.

포장만 요란한 사례: ○○그룹 건설사 - "그린? 리모델링? 아니 그냥 페인트칠."

한편, ESG 보고서만 보면 착한 기업으로 보이는 기업이 있다. ○○그룹 계열 건설사 이야기다. 보고서 표지엔 '미래도 함께 짓는 건설사', '탄소중립을 향한 도전'이라는 멋진 문구가 써 있고, 초록 나무 이미지와 태양광 패널 사진이 큼지막하게 자리 잡고 있다.

"그린 리모델링을 통해 연간 2,000톤 탄소 감축 기여!"

그런데 실상은 **내장재 고급화와 외장 벽 마감 교체**, 에너지 절감 설비는 거의 없다. 심지어 철거 폐기물은 전혀 계량하지 않아 전체 탄소배출량은 오히려 증가했을 가능성도 있다.

"지역사회 기여" 항목은 사내 봉사활동 사진과 함께 "지역아동센터에 생필품 기부"라고 쓰여 있으나, **금액, 횟수, 대상, 효과 분석 모두 없다.**

재활용 자재 사용 항목도 강조되지만, 전체 건축 자재 중 **1.2%만이 재활용 기반**. 나머지는 기존 방식과 동일하다. 그럼에도 불구하고, 문장은 이렇게 쓰였다:

"순환경제 건축 철학을 반영하여 지속가능한 자원 활용 구조를 일부 구현하였습니다."

말은 참 그럴듯하다. 하지만 실질은 '페인트칠한 ESG'에 불과하다.

차이는 '말의 기술'이 아니라 '일의 구조'에서 나온다

두 기업의 차이는 단순히 보고서를 '누가 더 잘 썼느냐?'가 아니다.
하나는 시스템을 바꿨고, 다른 하나는 문장만 다듬었다.

- 유한킴벌리는 실제 데이터를 모으는 체계가 있고, 그 데이터를 외부에 검증받을 수 있는 자신감이 있다.
- ○○건설사는 ESG가 **광고, 홍보, 수상용 프레젠테이션**이라고 여긴다. 실제 행동은 변하지 않았고, 변화하려는 의지도 흐릿하다.

한국의 ESG 공시 제도: 가능성과 한계

2022년부터 한국 정부는 'K-ESG 가이드라인', 환경부의 '환경정보공개제도', 금융당국의 '지속가능공시 로드맵' 등을 통해 ESG 공시 의무화를 추진하고 있다.

하지만 다음과 같은 한계가 존재한다.

- 의무가 아닌 자율적 공시에 그치고 있음 → 실제 보고서 제출 비율이 낮고, 형식 중심의 문서가 다수
- 정성적 항목이 많고 비교 가능성이 낮음 → 산업 간, 기업 간 ESG 점수 비교가 불가능한 경우도 많음
- 검증 체계 부족 → 제3자 검증을 형식적으로 받는 기업이 다수이며, 그린워싱 리스크를 걸러낼 장치가 부족함

따라서 공시제도가 제 역할을 하려면, 단순 가이드라인을 넘어 법적 의무화와 제재 수단, 검증 체계 강화가 병행되어야 한다.

ESG 평가와 실질적 기업의 행동사이의 괴리

최근 시민단체, NGO, 언론은 기업 ESG 활동의 실효성에 대해 점점 더 적극적으로 문제제기를 하고 있다.

• 카카오 ESG 논란

카카오는 한때 ESG 경영 우수기업으로 선정되며 지속가능성과 사회적 책임의 모범사례로 주목받았지만, 이후 잇따른 논란으로 ESG 평가의 실효성에 대한 비판이 제기되었다. 특히 ESG 수상 직후에도 **플랫폼 시장 지배력을 남용한 '갑질 논란', 개인정보 유출 사고, 지배구조 및 내부통제 실패** 등이 연이어 드러나면서, 카카오의 ESG 경영이 **형식적인 수사(修辭)에 그친 것 아니냐는 지적**이 나왔다.

먼저, **플랫폼 갑질 논란**은 카카오가 카카오T, 카카오헤어샵, 카카오스토리펀딩 등 다양한 분야에서 영세 사업자들에게 **수수료 인상, 광고 노출 우위 강요, 자사 서비스 밀어주기** 등을 통해 시장 지배력을 과도하게 행사했다는 비판으로 이어졌다. 이는 ESG 중 'S(사회)' 요소에서 중요한 **공정 경쟁, 이해관계자 배려**와 배치되는 행동으로, 사회적 신뢰를 흔들었다.

두 번째로는 **개인정보 유출 및 보안 사고** 문제가 반복되면서, 이용자 보호와 관련된 **데이터 윤리**의 취약점이 드러났다. 2022년에는 카카오페이를 포함한 주요 계열사에서 개인정보 접근 권한이 내부 직원에게 과도하게 부여되었고, 그에 따른 보안 위험이 제대로 통제되지 못한 사례가 있었으며, **데이터 활용과 개인정보 보호의 균형을 고려하지 않은 운영방식**

이 논란이 되었다.

셋째, 지배구조의 불투명성과 내부통제 미비 역시 주요 문제로 지적되었다. 2022년 카카오페이 경영진들이 **스톡옵션을 대규모로 매도한 사건**은 내부 정보를 활용한 **비윤리적 행위**로 해석되었고, 이사회 또는 컴플라이언스 부서의 견제 기능이 제대로 작동하지 못했다는 평가를 받았다. 이는 ESG의 'G(지배구조)' 요소에서 기업의 투명성과 책임성을 심각하게 훼손한 사례로 꼽힌다.

이러한 일련의 사건은, 외부에서 부여되는 ESG 평가가 실제 기업 운영의 내실을 제대로 반영하지 못할 수 있다는 문제를 부각시켰다. 시민사회와 전문가들은 "지배구조의 투명성, 데이터 윤리, 사회적 책임 등 핵심 요소를 고려하지 않은 ESG 평가는 단순한 인증서에 불과하다."고 비판하며, **평가 기준의 객관성과 기업의 실질적 행동 사이의 괴리를 좁혀야 한다**고 지적했다.

결국 카카오 사례는, 형식적인 ESG 수상과 실제 기업 경영 사이에 존재하는 간극을 보여 주는 대표적 사례로, "보여 주기식 ESG"가 아닌, 진정성 있는 지속가능 경영 체계가 필요함을 일깨우는 계기가 되었다.

기후솔루션 기반의 녹색프리미엄의 그린워싱 여부에 대한 부분

[표 1] 녹색프리미엄이 GHG 프로토콜 Scope 2 품질기준에 부합하는지 여부

Scope 2 시장 기반 배출량 산정에 활용되는 계약 수단(인증서)은 다음의 품질 기준에 부합해야 함	녹색프리미엄의 부합 여부
I. 생산된 전력에 따른 온실가스 배출량 정보가 인증서에 명시되어야 함	X
II. 생산된 전력에 따른 온실가스 감축 실적이 하나의 인증서에만 주장되어야 함	X
III. 온실가스 배출량을 보고하는 기관 또는 위임 기관에 의해 인증서가 추적, 교환, 폐기 또는 취소 되어야 함	△
IV. 에너지 구매가 인정되는 소비 기간에서 최대한 가까운 시점에 인증서가 발급 및 폐기되어야 함	△
V. 온실가스 배출량을 보고하는 기관이 전력을 소비하는 시장과 동일한 시장에서 인증서가 구매되어야 함	O

전기판매사업자용 배출계수는 다음과 같아야 함	녹색프리미엄의 부합 여부
VI. 전기판매사업자용 전력 배출계수는 공급된 전기를 기준으로 산정하되, 온실가스 배출량 보고 기관을 대신하여 발급 및 폐기된 인증서를 고려해야 함. 즉, 인증서를 통해 판매된 재생에너지 발전량을 제외하고, 남은 재생에너지만 반영해 산출한 잔여 배출계수를 사용해야 함	X
온사이트(on-site) 계약 전력을 소비하는 기업은 다음과 같아야 함	녹색프리미엄의 부합 여부
VII. 온사이트(on-site)에서 조달된 전력으로 인한 온실가스 감축 실적은 오직 해당 보고 기관만 주장할 수 있음	N/A
계약 수단(인증서)를 활용하여 시장 기반 배출량을 산정하는 경우 다음의 기준에 부합해야 함	녹색프리미엄의 부합 여부
VIII. 국가 전력배출계수에서 온실가스 감축 실적으로 별도로 주장되지 않은 전력만을 고려하여 잔여 배출계수가 산정되어야 하며, 이는 소비자(보고 기관)의 scope 2 시장 기반 배출량 산정을 위해 제공되어야 함. 그렇지 않을 경우 온실가스 배출량 보고 기관이 이를 명시해야 함.	X

• 탄소중립 허위광고 적발

환경부 조사에 따르면 일부 대기업은 탄소중립 로고를 부착하고도 실제 배출량 감축 근거가 없다. 이에 대해 행정제재와 시정 권고가 내려졌다.

• 소셜미디어 기반의 ESG 감시

대학생 및 시민 활동가들이 ESG 보고서를 직접 분석해 인스타그램·블로그에 공개하는 계정이 등장했다. "팩트체크형 ESG 소비자 운동"이 점차 조직화되는 추세이다. 따라서 과거 대비 정부, 시민사회, 소비자들이 적극적으로 감시를 하고 있으며, 이러한 추세는 지속될 예정이다.

마치며

한국의 ESG는 이제 '형식적 도입'에서 '실질적 전환'으로 넘어가야 할 시점이다.

기업들이 자발적으로 지속가능경영보고서를 쓰는 것으로는 충분하지 않다. 중요한 것은 기업의 내부 변화, 행동의 일관성, 투명한 공시, 그리고 외부의 검증이다. 소비자와 시민사회는 단지 보고서를 받아들이는 수용자가 아니라, 이를 분석하고 행동으로 되묻는 적극적 감시자가 되어야 한다. 그럴 때 비로소, 보여 주기 ESG는 설 자리를 잃고, 진짜 지속가능성의 기준이 만들어질 수 있다.

8장

나부터 바꾸는 ESG 실천법

소비자가 할 수 있는 일 – 일상 속 작은 선택이 만드는 큰 변화

ESG는 더 이상 기업만의 책임이 아니다. 소비자 역시 자신의 선택을 통해 기업의 행동을 바꾸고, 시장의 방향을 전환시킬 수 있는 핵심 주체로 떠오르고 있다. 우리가 매일 구매하고 사용하는 물건 하나, 클릭하는 정보 하나가 기업의 ESG 전략에 실질적인 영향을 미칠 수 있기 때문이다.

다음은 소비자가 일상에서 실천할 수 있는 구체적인 ESG 행동 사례들이다.

인증마크 확인 – 책임 있는 소비의 출발점

제품을 구매할 때, 겉포장에 적힌 친환경 마케팅 문구보다는 공신력 있는 제3자 인증마크를 확인하는 것이 중요하다. 이는 단순한 도장이 아닌, 해당 제품이 환경·사회 기준을 실제로 준수했는지를 증명하는 지표다.

예를 들어,

- FSC(Forest Stewardship Council): 지속가능한 산림에서 벌목된 종이/목재 제품에 부여
  → 스타벅스의 종이컵, 무인양품의 수납장 등에 FSC 마크가 적용.

- USDA Organic: 미국 농무부 인증 유기농 제품

→ 친환경 식재료, 화장품 등에서 신뢰도 높은 기준으로 평가됨.

- Fair Trade(공정무역): 개발도상국 생산자에게 정당한 가격을 보장하는 제품에 부여

→ 이니스프리, 스타벅스 커피 일부 라인 등에 적용됨.

- Carbon Trust: 제품 생산과정에서 발생한 탄소발자국을 수치화하고 감축 노력을 인증

이러한 인증마크를 인식하고 구매에 반영하는 것만으로도 소비자는 보다 구조적인 ESG 개선을 요구하는 '시장 시그널'을 줄 수 있다.

제품 비교와 후기 공유 - 디지털 시대의 소비자 감시자 역할

오늘날의 소비자는 단순한 수동적 구매자가 아니다. 스마트폰 하나로 다양한 브랜드의 ESG 전략, 기업의 환경 성과, 과거 논란 등을 비교 분석할 수 있는 시대다.

예를 들어,

- 모바일 앱 '굿 온 유(Good On You)'는 패션 브랜드의 윤리성, 환경영향, 노동기준 등을 평가해 점수로 제공한다.
- 국내에서는 '트리플제로', '제로웨이스트샵맵' 등의 ESG 소비 가이드 앱도 점차 확산되고 있다.

또한 SNS나 온라인 커뮤니티에서 제품의 실제 사용 후기, 과대광고에 대한 비판, 환경 인증 여부에 대한 정보 공유는 다른 소비자에게 '정보 권력'을 이전하고, 기업에는 강력한 피드백 압력으로 작용한다.

실제 예로, 2022년 국내 한 식음료 기업이 "지속가능한 용기"라고 홍보했던 패키지가 실제로는 재활용이 불가능하다는 소비자 후기 글이 SNS에서 확산되자, 해당 기업은 즉시 사과하고 포장 개선 계획을 발표하기도 했다.

캠페인과 콘텐츠 참여 - '작은 홍보대사'가 되는 법

특히 MZ세대를 중심으로, SNS는 ESG 메시지를 전파하는 주요 채널이자, 소비자가 행동주의적 역할을 수행하는 무대가 되고 있다.

- 개인이 제로웨이스트 실천 일상, 텀블러 사용 인증샷, 리필샵 방문기 등을 공유하는 것만으로도 다른 소비자에게 영향을 주고 브랜드 이미지를 간접적으로 평가하는 효과가 있다.
- 2021년에는 국내 대학생들이 'SNS ESG 감시 계정'을 개설해 20여 개 브랜드의 실제 ESG 공시와 광고 내용을 비교 분석한 사례도 있었는데, 이 계정은 이후 언론 보도를 통해 기업에게 공식 입장 표명을 유도하기도 했다.

또한 '1일 1리필', '플라스틱 프리 챌린지', '중고로 산 오늘' 같은 생활 속 ESG 캠페인에 참여하거나 리그램·댓글만으로도 '소셜 ESG' 확산에 기여할 수 있다.

학생·시민의 실천 사례 - 전문가가 아니어도 ESG는 행동할 수 있다

ESG는 더 이상 전문가나 기업의 전유물이 아니다. 오히려 가장 창의적이고 자발적인 실천은 대학생과 시민들 사이에서 탄생하고 있으며, 이는 단순한 '좋은 일'이 아니라 사회적 기준을 바꾸는 문화운동의 시작점이 되고 있다.

대학생들의 실천 - 캠퍼스에서 시작된 탄소중립 실험

전국 주요 대학에서는 학생 주도의 ESG 캠페인이 점점 확산되고 있다. 대표적인 활동은 다음과 같다.

• 일회용품 줄이기 캠페인

서울 소재 A대학교 학생회는 교내 텀블러 이용 캠페인을 운영하며, 일회용 컵 사용 시 300원 추가 과금, 텀블러 이용 시 할인 쿠폰 제공 정책을 학교와 협의해 시행하였다.

• 플라스틱 프리 카페 운영

인천 소재 모 대학교 환경동아리는 학생 자치공간에 플라스틱 없는 카페 부스를 마련하고, 유리병과 대나무 빨대, 다회용 용기를 활용한 운영을 시범 실시하였다. SNS 해시태그 #플라스틱프리로 인식 확산되었다.

• 교내 탄소중립 조례 제안

이러한 활동은 단순한 이벤트성 캠페인을 넘어서, 행동 → 문화 → 제도화의 흐름을 만들어 내며, '작은 사회인 캠퍼스'에서의 ESG 실험이 향후 사회 전체의 변화로 확장될 수 있음을 보여 주는 사례다.

시민들의 실천 - ESG 감시자에서 콘텐츠 제작자로

일반 시민들 역시 더 이상 수동적인 소비자에 머물지 않는다. 많은 개인이 스스로 ESG 감시자, 데이터 분석자, 콘텐츠 제작자가 되어, 기업 활동을 감시하고, 소비자 권리를 실현하는 데 큰 역할을 하고 있다.

• ESG 감시 계정 운영 사례

서울 소재 시민단체와 대학생 연합 팀은 인스타그램에 'ESG 감시 계정'을 운영하며, 유명 브랜드의 지속가능성 보고서를 분석하고, ESG 지표 누락 여부, 과장 광고 사례, 인증 마크 진위 등을 해시태그 #ESG팩트체크로 연재하였다. 이 계정은 2만 명 이상의 팔로워를 확보하며, 일부 브랜드가 피드백을 통해 공식 입장을 밝히는 데까지 영향력을 행사했다.

• 유튜브 기반 ESG 소비 리뷰

한 시민 유튜버는 '1달간 제로웨이스트로 살아보기', '플라스틱 없는 장

보기', 'ESG 라벨 비교 리뷰' 등의 콘텐츠를 통해 제품의 친환경성뿐 아니라 기업의 지속가능 경영까지 평가하며 수만 건의 조회 수를 기록하였다.

기업 입장에서도 이러한 리뷰는 마케팅보다 더 강력한 '실시간 ESG 평가'로 받아들여진다.

• 디지털 시민 감시 플랫폼 활용

해외에서는 시민들이 사용하는 앱 'Buycott', 'DoneGood', 'Good on You' 등을 통해 제품 바코드를 스캔하거나 브랜드 이름을 검색하면 ESG 스코어, 인권 이슈 여부, 탄소발자국 수치 등을 확인할 수 있다.

국내에서도 이와 유사한 '트리플제로', '제로웨이스트맵', '리필맵' 등이 점차 확산되며, 개인의 행동이 곧 ESG 감시의 시작점이 되고 있다.

제로웨이스트상점맵 사례

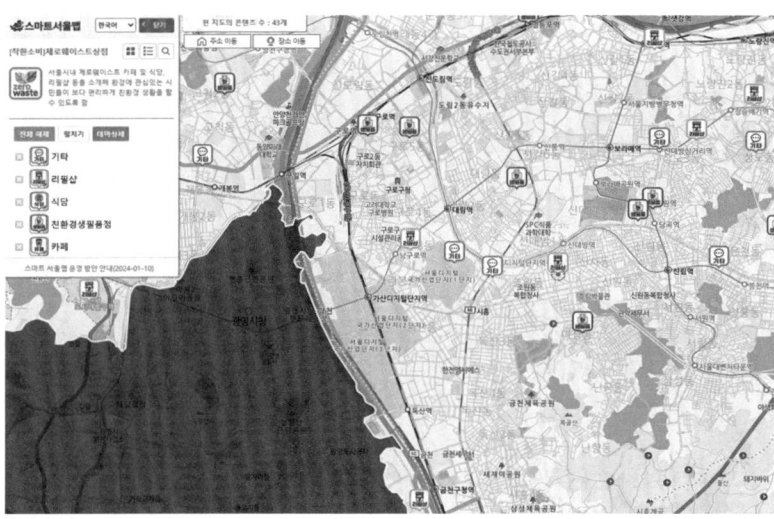

국가가 해야 할 일: 기업의 그린워싱을 막기 위한 정책적 대응

그린워싱은 단순한 마케팅 기법의 문제가 아니라, **공공 신뢰를 훼손하고 지속가능한 시장 질서를 교란하는 행위**이다. 특히 ESG의 중요성이 커지는 시점에서, 정부의 역할은 단순한 가이드 제시를 넘어 **규제와 유인, 평가 체계의 설계자**로 확장되어야 한다.

다음은 국가가 수행해야 할 핵심 정책 과제를 영역별로 정리한 것이다.

그린워싱 규제법 제정 및 집행 강화

- 광고 및 라벨링 규제 강화
  - 기업이 제품에 "친환경", "지속가능", "탄소중립" 등의 용어를 사용할 경우, **이를 뒷받침하는 과학적 근거와 제3자 검증 자료**를 요구하도록 법제화.
  - 예: EU의 *Green Claims Directive*는 과학적 검증 없이 친환경 주장을 하는 것을 금지함.

- 허위·과장 ESG 광고에 대한 행정처분 및 벌금 부과
  - 소비자를 오도한 ESG 관련 홍보에 대해 공정거래위원회나 환경부

산하 기구가 시정명령, 과징금, 공개 사과 조치 가능하게 법적 근거 마련.
- 국내의 경우, 표시광고법 개정을 통해 ESG 라벨링에 대한 세부 기준을 마련할 수 있음.

지속가능성 공시제도의 의무화 및 고도화

- ISSB, TCFD 기반의 ESG 공시 의무화 확대
  - 대기업뿐만 아니라 일정 규모 이상의 중견기업에도 **ESG 공시 의무를 단계적으로 확대**하고, 공시 기준을 국제적 수준으로 정합성 있게 정비해야 함.
  - Scope 1~3 탄소배출량, 재생에너지 사용률, 노동·인권 관련 지표 등을 필수 공시 항목으로 설정.

- ESG 공시 검증 의무화
  - 지속가능성 보고서에 대해 **제3자 검증 의무화**를 추진하여, 그린워싱 위험을 원천적으로 차단.
  - 예: EU의 CSRD(기업 지속가능성 공시지침)[12]는 2024년부터 상장기

---

12) CSRD(기업 지속가능성 공시지침, Corporate Sustainability Reporting Directive)는 유럽연합(EU)이 2022년에 도입한 새로운 지속가능성 공시 규제로, 기존의 비재무정보공시지침(NFRD)을 대체한다. EU 내 대기업뿐만 아니라 EU에 진출한 비유럽 기업도 일정 기준 충족 시 적용 대상이 되며, 환경(E), 사회(S), 지배구조(G) 전반에 걸친 정보 공개를 의무화한다. 특히 '이중 중대성' 개념을 적용해 기업이 지속가능성 이슈에 미치는 영향과 그로 인한 재무적 리스크를 모두 공시하도록 요구한다. 보고 기준으로는 유럽지속가능성보고기준(ESRS)이 사용되

업에 외부 검증을 요구함.

기업의 ESG 데이터 표준화 및 중앙 공개 시스템 구축

- 국가 ESG 데이터 통합 플랫폼 구축
  - 기업이 제출한 ESG 보고서, 환경정보공개서, 에너지 사용량 등을 **표준화된 포맷으로 통합·공개**하는 데이터 허브 플랫폼 운영. 중소벤처기업진흥공단에서도 아래와 같이 ESG정보를 모아 놓은 플랫폼을 만들어 놓았고, 이러한 연결이 더욱 강화될 것으로 보임.

중소벤처기업진흥공단의 ESG플랫폼

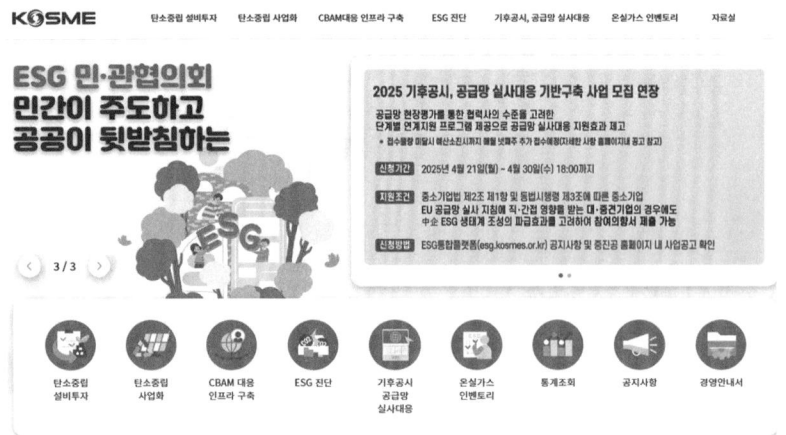

며, 2024년부터 단계적으로 시행된다.

- 시민사회 및 투자자가 **기업 간 ESG 비교 및 감시**를 용이하게 할 수 있도록 정보 접근성 보장.

ESG 종합관리시스템 예시

BDO성현회계법인 자료

- 산업별 ESG 리스크 분류체계 마련
  - 예: 석유화학, 패션, IT 등 각 산업군별로 **ESG 리스크 유형**을 체계화해, 기업의 자율적 공시에도 참고 기준을 제시할 수 있음.

지속가능한 소비 유도를 위한 인센티브 및 시장 설계

- 친환경 인증제도 강화 및 통합
  - FSC, Carbon Trust, Fair Trade 등 **국제적으로 통용되는 인증과의 연계 제도** 마련
  - 인증 제품에 대한 **세액공제, 우선조달, 소비자 리워드** 등의 제도적

혜택 마련

- 공공조달에서의 ESG 기준 의무화
  - 정부·지자체가 발주하는 물품·건설·서비스 조달에서 **ESG 기준을 일정 비율 이상 반영**하여, 친환경·책임기업의 시장 접근 기회를 확대

- 그린워싱 탐지 기업에 대한 펀딩 및 보조금 제한
  - ESG 공시와 실제 성과 간 괴리가 큰 기업에 대해 **정부 R&D 지원, 세제 혜택 등 유인책 배제** 또는 감점 적용

마치며

그린워싱은 단지 몇몇 기업의 문제를 넘어서, **사회 전체의 정보 생태계, 윤리 기준, 시장 질서**에 영향을 미치는 구조적 리스크다. 그렇기 때문에 국가는 단순히 **경고하거나 권고하는 수준을 넘어서**, 명확한 규칙, 일관된 감독, 투명한 정보 인프라를 구축해야 한다.

정책은 기업이 진짜 ESG를 실천하도록 설계되어야 하고, 규제는 소비자가 그 정보를 신뢰할 수 있게 보장해야 하며, 공시는 시장이 가짜와 진짜를 구분할 수 있도록 표준화되어야 한다.

이러한 다층적 노력 없이는, ESG는 결국 말뿐인 트렌드로 남을 수밖에 없다.

ESG는 더 이상 정부나 기업, 전문가들만의 과제가 아니다. 오히려 오늘날 가장 강력한 변화의 씨앗은 **일상 속에서 ESG를 실천하는 학생과 시민**들의 손끝에서 시작되고 있다. 캠퍼스에서 텀블러를 사용하고, SNS에 기업의 그린워싱 사례를 공유하며, 직접 ESG 리뷰 콘텐츠를 만드는 이들의 활동은 단순한 소비를 넘어 **사회적 감시자이자 행동하는 실천자**로서의 역할을 수행하고 있다.

이들은 '잘 사는 법'이 아니라 '올바르게 사는 법'을 고민하는 세대이며, ESG를 단지 제도나 보고서가 아닌 **생활의 언어와 문화로 확장시키는 주**

역이다. 이제 우리는 묻게 된다. "나는 오늘 어떤 선택으로, 어떤 이야기를 나누며, 어떤 변화를 만들어가고 있는가?"

ESG는 거창한 선언이 아니라, 그렇게 우리 모두의 '작은 실천'에서 시작되는 변화의 이야기이다.

에필로그

기후악동을 진짜로 잡으려면

기후악동을 진짜로 멈추려면

이제, 당신의 ESG가 시작될 차례입니다.

이 책은 단순한 정보의 나열이 아니라, 하나의 질문으로부터 출발했습니다.

"당신이 믿고 있는 그 '착한 브랜드', 정말 믿을 만한가요?"

우리는 오랫동안 기업의 'ESG 경영'이라는 말에 익숙해져 있습니다. 환경을 생각한다는 광고, 윤리적 소비를 강조하는 슬로건, 지속가능성을 약속하는 보고서. 그럴듯한 문장과 친환경 인증 마크에 우리는 안심하고, 때로는 자부심을 느끼며 소비해 왔습니다.

하지만 그 안을 조금만 들여다보면, 말뿐인 약속과 숫자 맞추기에 불과한 실천, 그리고 소비자의 신뢰를 마케팅 수단으로 삼는 구조적 속임수가 보이기 시작합니다.

'그린워싱'은 이제 일부 기업의 일탈이나 과장된 표현의 문제가 아닙니다. 이윤을 극대화하려는 시스템 안에서 착한 척을 하는 것이 오히려 경쟁력이 된 **시장 전체의 구조적인 문제**이며, 소비자와 기업 모두가 함께 만든 불편한 공모의 산물입니다. 우리는 알고 있습니다. 종이 빨대를 쓰면서도 플라스틱 코팅을 감추고, 재활용 소재 5%로 '지속가능한 패션'을 외치는 브랜드의 이중성을 우리는 보고 있습니다.

탄소중립을 선언하면서도 배출권을 사들여, 오히려 재무제표를 조작하는 에너지 기업들의 전략을 발견해야 합니다. 이러한 기업들은 향후 다양한 형태로 그린워싱을 할 가능성이 높습니다.

유럽연합의 Green Claims Directive나 미국 SEC의 ESG 공시 규제처럼 법적 기준은 점점 정교해지고 있지만, 그 틈을 찾아 빠져나가려는 기업의 전략은 여전히 존재합니다.

기술도 마찬가지입니다. 탄소 회계 툴, AI 기반 ESG 분석도 그 안에 입력되는 정보가 정직하지 않다면, 오히려 **거짓을 정교하게 포장하는 도구**로 전락할 수 있습니다. 결국, ESG의 실천은 법도 기술도 아닌 **사람의 몫**입니다. 윤리를 기준 삼는 문화, 소비자의 감시와 참여, 그리고 정직한 조직 문화를 통해서만 우리는 이 구조적인 그린워싱의 고리를 끊을 수 있습니다.

그렇다면 우리에게 남은 역할은 무엇일까요?

바로, **소비자로서의 실천자**가 되는 일입니다. 우리가 친환경 인증 제품을 한 번 더 선택할 때, 우리가 과장 광고에 이의를 제기하거나, ESG 의심 기업의 제품을 거부할 때, 우리가 친구에게 신뢰할 수 있는 브랜드를 소개하거나, SNS에 ESG 정보 콘텐츠를 공유할 때, 그 모든 작은 선택과 행동은 곧 기업에게 전해지는 **명확한 메시지**가 됩니다.

실제로 우리는 변화의 증거를 이미 보고 있습니다. 스타벅스의 플라스틱 빨대 퇴출, 유니레버의 공정무역 제품 확대, 나이키의 중고제품 판매 플랫폼 운영 등 이 모든 변화는 깨어 있는 소비자들의 행동이 있었기에 가능했습니다.

두 번째로 시민사회가 해당 기업들을 지속적으로 모니터링을 하는 것입니다. 당신의 질문 하나, 당신의 선택 하나가 정책이 되고, 시장의 기준이 되고, 문화가 됩니다. 이제, 우리는 비판을 넘어 행동으로 나아가야 합니다. '그린워싱을 고발하는 자'에서 멈추지 않고, '그린액션의 주체'가 되어야 할 때입니다. 그 시작은 어렵지도, 거창하지도 않습니다. 텀블러를 들고 출근하는 일상, 리필이 가능한 샴푸를 고르는 장바구니, 친구와 ESG 브랜드에 대해 나누는 대화 한마디에서부터 변화는 시작됩니다.

이 책은 단지 문제를 지적하고자 쓰인 것이 아닙니다. 우리는 기업의 그린워싱을 직시했고, 제도의 한계를 짚었으며, 그럼에도 불구하고 가능한 실천의 영역을 함께 고민했습니다. 이 책의 진짜 목적은 '문제의 목록'을 만드는 것이 아니라, 당신과 함께 '변화의 지도'를 그리는 데 있습니다.

책장을 덮는 지금, 중요한 것은 선언이 아니라 **당신의 다음 행동**입니다. 소비자이자 시민으로서, 그리고 유권자로서 당신의 실천은 그 어떤 법보다 강한 기준이 될 수 있습니다.

그리고 바로 이 자리에서, 누구나 시작할 수 있습니다.

이제, 당신의 ESG가 시작될 차례입니다.

참고문헌

정광화, 전홍민, 윤용석, 2025, "지속가능성 분야 타전문가 활용", 한국공인회계사회.
레베카 핸더슨, 2021, "자본주의 대전환", 아크로스.
송주형, 최진식, 전홍민, 2021, "ESG투자의 시대", 북오션.

그린워싱의 시대

ⓒ 전홍민, 2025

초판 1쇄 발행 2025년 10월 27일

지은이	전홍민
펴낸이	이기봉
편집	좋은땅 편집팀
펴낸곳	도서출판 좋은땅
주소	서울특별시 마포구 양화로12길 26 지월드빌딩 (서교동 395-7)
전화	02)374-8616~7
팩스	02)374-8614
이메일	gworldbook@naver.com
홈페이지	www.g-world.co.kr

ISBN 979-11-388-4846-6 (03320)

- 가격은 뒤표지에 있습니다.
- 이 책은 저작권법에 의하여 보호를 받는 저작물이므로 무단 전재와 복제를 금합니다.
- 파본은 구입하신 서점에서 교환해 드립니다.